伯家神道の秘儀継承者・

七沢賢治が明かす

神話と最先端科学の世界

Yasushi Ohno 大野靖志

言霊はこうして実現する

文芸社

古来より日本人は、森羅万象の働きを八百万《やほよろず》の神々と呼んできた。心を透明にすることにより、こうした風景の中に天然の宿《やどり》を感じることができる。古代の人々は、何の意図なく作為のない状態となって、自然と一体化し、あらゆるところに神を感じて生きてきた。　　　　　　　　　　　　　　　　　　　　　（写真撮影＝市毛 實）

山梨県・甲府の七沢邸の神前

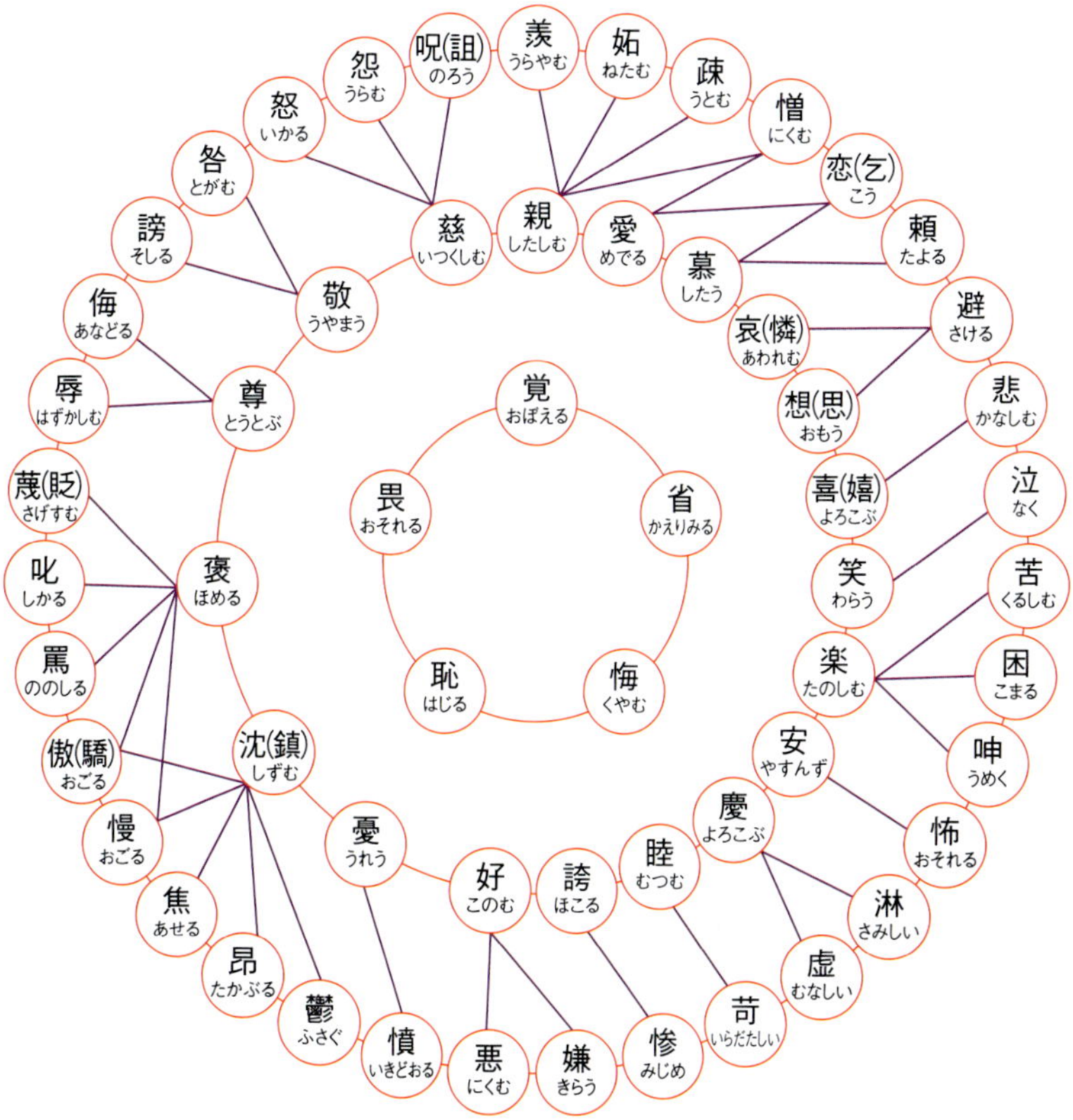

情緒のマンダラ

内に環が五情、内環が副交感神経優位の情緒語、外環が交感神経優位の情緒語、その間を結ぶ線が相互の関係を示す（第２章参照）。

感　関

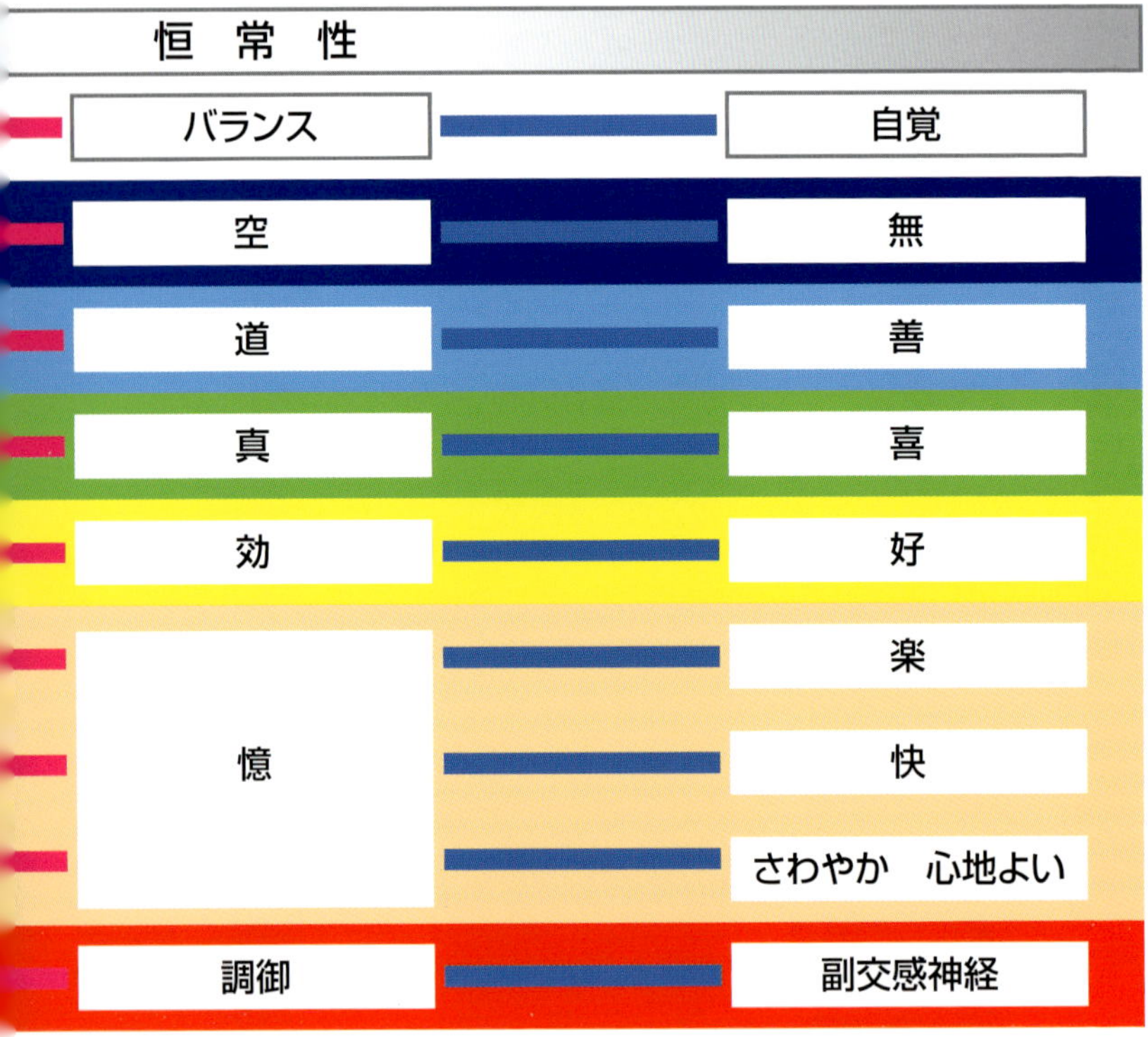

条件を最も快適なものとして、それになじみきっている。そして、そこから少しでもずれると直ちにその状態に戻ろうとする。（中略）実際の快感は憶からずれた状態から憶へ戻る途中の過程（中略）に感じるもので、憶の状態そのものは、（中略）暑くも寒くもない、温度の存在を忘れさせるものであります」

（『海・呼吸・古代形象』1992 年）

五 性 の 構 造 と

感　覚	自覚
意志性	有
倫理性	悪
精神性	悲
情動性	嫌
生理性	苦
	不快
	寒暑
神経性	交感神経

ひとの体と心が最も健康な状態は、快も不快もない状態にある。これを「憶」の状態という。解剖学の三木成《しげ》夫《お》先生は、この憶を次のように、定義されている。憶とは、「暑くも寒くもない、過不足のない状態、つまり温度というものを全く感じさせない状態をいうのでしょう。（中略）からだは、こうした生理

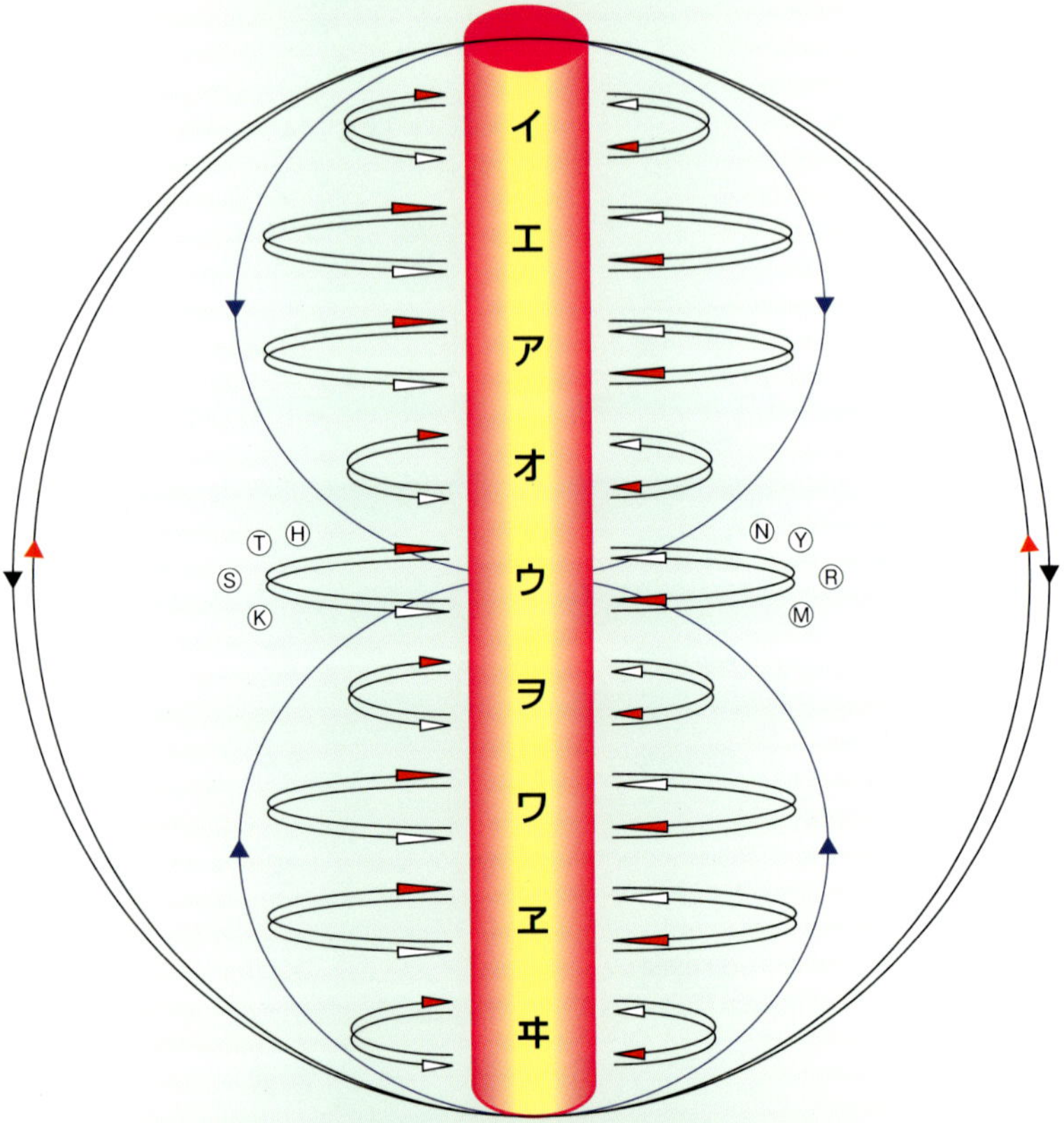

言霊解析によるデジタル言語エネルギー理論

母音半母音（イエアオウヲワヱヰ）は柱礎であり、このS極は陽子（＋）である。父韻（TKMHRNYS）はN極で電子（－）の働きをしている。意志の方位相階層が存在して、父韻と母音が交叉合成して搬送波としての子音を発生する。その電磁気的な構造は、陽子（＋）と電子（－）間に発生した電流により磁気作用が生まれ、電流の変化で磁界ができる。さらに電流の変化を周期的に高めると高周波となり、周囲の空間が電気的・磁気的に歪みを受け、エネルギーが電磁波となり放射される。これが、言霊エネルギー発生の原理である（第４章参照）。

プロローグ――言霊によって現実を変える具体的な方法を初公開

◉――どうして日本語は美しいのか？

「あいうえお　かきくけこ　さしすせそ……」

日本語を学んだ外国人の多くが、整然とした五十音の構成に感心し、母音の美しい響きに感嘆する。また、実際に日本を訪れた外国人たちは日本人の親切さや街の清潔さに心打たれるともいわれ、どうやら、外国の人々の目には、日本人は美しい言葉を話し、美しい生き方を実践する存在として映っているようである。

これを正当な評価と見るか過大な評価と見るかは別として、日本語の美しさについては異論のない方がほとんどだろう。そして、その日本語をより美しく話す人ほど、美しい生き方をしていることにも同意していただけるはずだ。

では、どうして日本語は美しいか？

改めて五十音表を眺めてみると、各音を構成する母音と子音が一目瞭然であることに気づかされる。これは当たり前のようでいて当たり前ではなく、これほど整然と各音が整理された言語はほかにないといっていいだろう。現在の五十音の並びはサンスクリット語の音韻学に由来するといわれるが、日本語のルーツそのものは1万年以上前にさかのぼることができるという。

また、外国語と比較したときには、母音や子音に濁《にご》った響きのないことにも気づかされる。五十音のことを清音《せいおん》と呼ぶが、まさにその名の通り、清い響きがそこには感じられるはずだ。

「母音がきれいに分けられているのが古代から伝わる言語の特長です。日本語のようにはっきりとした母音を持っている言語――古代ポリネシア語、レプチャ語など――は、1万年を超えて今なお原型をとどめる数少ない言語だといえるでしょう」

そう語るのは七沢研究所代表の七沢賢治《ななさわけんじ》氏。

半世紀以上にわたり、「日本語」の研究に取り組んできた氏によると、これらの言語のうち、言語と関連して発達した文化が現在まで残っているのは日本だけだという。これは日本が島国であり、そこで芽生えた文化が、侵略者によって断絶させられることなく連綿と継承されてきたことに関係するのだろう。

◉——言霊《ことだま》は「単なる迷信」ではない

その日本文化の根幹となっているのは神道《しんとう》という自然発生的な宗教であり、さらに神道の深層に連綿と流れる「言霊《ことだま》」という考え方は、そのまま日本語や日本人特有の感性にも連結してきた。

『万葉集』収載のいくつかの歌に「言霊の幸《さき》はふ国」という記述が見られるように、日本はまさに言霊の国であったのだ。

その言霊の考え方を簡単にいうと、「言葉には現実の出来事を引き起こす力がある」となる。そこで、神道においては祝詞《のりと》を奏上するときには絶対に誤読があってはならないとされ、また現代でも、「切れる」「終わる」といった言葉は結婚式などで忌み言葉とされている。

つまり、言霊は単に宗教的概念というだけでなく、日本人の感性や文化、そして日本語の性質にも深くかかわる考え方なのだ。

このような「良い言葉を口にすると良いことが起きる、悪い言葉を口にすると悪いことが起きる」という考え方は日本人の自然な感覚であり、それは漢字が伝来したときに、「言」と「事」の音が区別されなかったことにも表れている。つまり、「言葉」がそのまま「出来事」を引き起こすと考えられていたのである。

●――西洋的価値観は私たちを幸せにしたか

幸せな人生といえる生き方はどういうものか？

私たちはいかに生きるべきか？

そもそも、生きるとはどういうことなのか？

――こうした命題に関して、自分の身の回りのことだけを考えても堂々巡りの思考に陥るばかりで、一向に答えは見えてこない。

唯一突破口となるのは、自分と自分のおかれている環境を客観視することだが、それを突き詰めていくと、視野はおのずと世界全体へと、そして人類史全体へと拡大することになる。つまり、世界を考えずして、自分の生き方は見えてこないということだ。

では、そのように視野を広げたとき、そこには何が見えるだろうか。

たとえば、その一つに西洋と東洋との関係がある。

前世紀に勃発した二つの世界大戦が西洋の没落の始まりだとすれば、今世紀に入りまもなくして起きた9・11テロと２００８年の世界金融危機は、その最終プロセスにあたるといえるだろう。

そして、その「西洋の没落」の結果、国際政治や国際経済のほか、環境問題や文化摩擦、法律、思想、哲学、宗教、職業倫理、さらには心身の健康や食生活といったライフスタイルに至るまで、ありとあらゆる分野に浸透してしまっている西洋的価値観や方法論の正当性が、今、問い直されている。

そう。今や非西欧圏のみならず西洋圏の人々ですらも、西洋的価値観・方法論に疑問を抱き始めているのだ。


果たしてこれは幸せな人生といえる生き方だろうか？

私たちは本当にこう生きるべきなのか？

そもそも、生きるとはこういうことだったのか？


――これまで西洋文明の価値観を是《ぜ》としてきた人々は、今やこういった疑問を持ち始めているにちがいない。

では、それに代わる新たなパラダイムは何か？　歴史の流れをマクロな視点から俯瞰《ふかん》してみると、そのヒントが見出されよう。

現在はある意味で歴史のターニングポイントだといえるが、約２５００年前にもターニングポイントがあり、そのときには、中国文明に代表される東洋文明から、ギリシャ文明に代表される西洋文明への大きなシフトがあった。

それは、「神秘」から「論理」へというシフトであり、「論理」はその後に登場する科学の母体となった。

また、神秘を失ったことは、神から王権を授かった神聖王による「王道」から、力の論理によって強い者が王になる「覇道」への転換を促した。つまり、「科学」と「覇道」をベースにした現在の西洋文明の価値観と方法論は、このときに生まれたのだ。

なお、約2000年前に現れたキリスト教は、西洋文明へ再び神秘を吹き込むかのように思われたが、西洋の支配的宗教になってからの魔女狩りや十字軍遠征などの所業《しょぎょう》を見れば、この宗教が迷うことなく「覇道《はどう》」を邁進《まいしん》してきたことは疑うべくもない。

さて、約2500年前に西洋文明へのシフトが起きたのだとすれば、その西洋文明が行き詰まってしまった今、次に期待されるパラダイムシフトは、必然的に東洋文明の復興・復権ということになろうか。

いや、単に東洋文明をよみがえらせて神秘の世界へ舞い戻るというのでは、あまり現実的ではない。むしろ、東洋回帰を軸足としながらも、西洋でも東洋でもない新たな第三の文明の勃興《ぼっこう》が必要とされるはずだ。

◉——日本——新しい文明のパラダイムを提示しうる国

だが、近代のアジアの国々を見れば分かるように、その多くは西洋文明の生んだ資本主義や共産主義に翻弄されて東洋的な根をすでに失ってしまっているか、あるいは、フィリピンや韓国、あるいはマレーシアやインドネシアなどのように、キリスト教やイスラム教といった、「覇道」と深く結びついた外来宗教の影響下におかれているのが実情である。

つまり、近代においてアジアの国々で進行してきたのは、東洋文明と西洋文明との融合ではなく、東洋文明が西洋文明に浸食されていく過程にほかならない。

だが、近代において、東洋文明本来の「神秘」を保ちつつ、西洋的な近代化を果たした国がただ一つ存在する——それは日本だ。

日本は、神性《しんせい》を宿すとされる王制の伝統の下で急速な近代化を実現し、ロシアとの海戦において圧倒的勝利を収めたことで欧米列強からアジアの一等国として認知された。その日露戦争での勝利は、それまでの白人至上主義に大きな精神的打撃を与えることになり、有色人種の国々へは大きな希望を与えたのである。

歴史家のトインビーは、天皇制の伝統を守りつつ外国の優れた文化・技術を大胆に取り入れて急速な近代化を果たした日本の独自性に注目し、この国を西洋と東洋の文化が融合する場として捉えていた。また、国際政治学者のハンチントンは『文明の衝突』(集英社)において日本を独立した文明圏として捉え、次のように述べている。

日本は自国の利益のみを顧慮して行動することもでき、他国と同じ文化を共有することから生ずる義務に縛られることがない。その意味で、日本は他の国々がもちえない行動の自由をほしいままにできる。

日本の文化は独自なものであるのだから、他国との文化的なつながりを気にかけることなく、自由に行動すればいいというのがハンチントンの主張だ。そして、それが叶うのだとすれば、その自由さゆえに、日本こそは新しい文明のパラダイムを世界に提示しうる国ではないかと思われるのである。

では、なぜ日本はそのような独自の文化を確立しえたのか?

その一つの理由は、日本がユーラシア大陸の東端に位置する島国であるという地理的特性にある。奈良の正倉院《しょうそういん》に、朝鮮半島や中国はもちろん、遠くインド、ペルシャ、ローマに由来する宝物《ほうもつ》が収められていることからも分かるように、シルクロードの東の終着駅であった日本には、大陸から渡ってきた文化が博物館のように蓄積されてきた。

さらに、他国の侵略・略奪にほとんどさらされなかったことが幸いして、それらの文化に日本独自の理解や発展を加えながら、保存・継承されてきたのである。

正倉院以前にもそのような渡来文化の蓄積がなされていたのだとすれば、日本には2500年よりも前の文化――「神秘」と「王道」が息づいていたころの文化――が今でも何らかの形で保存・継承されていると考えていいはずだ。

一説に、日本は1万年を超えて埋蔵されてきた豊穣な知的資源を持つ国だといわれる。そして、その知的資源こそが混迷する世界が待ち望む新しいパラダイムを提示しうるといえるだろう。

◉——いにしえの叡智を今に伝える言霊学と伯家神道

だが、第二次世界大戦で敗れ、国民の多くが日本独自の文化から離れつつある今、そのような大役を日本が果たせるものだろうか？　その問いに答えるべく本書で紹介したいのが言霊学《げんれいがく》と伯家神道《はっけしんとう》の存在である。

日本が1万年を超えて保存・継承してきた豊穣な知的資源は、同じく1万年を超える歴史を持つ日本語にも深い影響を与えており、日本語を知ることはその知的資源にアクセスすることにも等しい。

ただし、それには現代語のもとになった古語、さらに古語のもとになった上代語（上代《じょうだい》和語《わご》）にまでそのルーツをさかのぼる必要があるといえよう。上代語は、古代の日本文化、精神性、祭祀《さいし》などと深い結びつきがあるため、それを知ることは、1万年を超えて蓄積・継承・保存されてきた知的資源へのアクセスを可能にするのだ。

そのアクセスを意識的に行う試みといえるのが、江戸時代に興《おこ》り、明治になってから独特な発展をみせた言霊学という学問である。

言霊《ことだま》とは「言葉に魂が宿る」という考え方であるが、それを学問として学ぶことは、言葉が文化や精神性、祭祀と直結していた時代の精神と、そこに宿る「神秘」を、言葉を通して直観的に学ぶことにほかならない。

一方の伯家神道とは、宮中祭祀を司《つかさど》ってきた白川伯王家《しらかわはくおうけ》の神道であり、「政《まつりごと》」が「祀《まつ》りごと」とイコールであった時代の「王道」を伝えるものでもある。そこに示されたいにしえの統治原理は、西洋的な「覇道」が袋小路に陥《おちい》っている現代の国際政治に対して教示するところの多いものといえるだろう。

そこで本書では、言霊学と伯家神道の正統な継承者である七沢賢治氏をその案内役として、言霊学と伯家神道、そして、そこから導き出される新しいパラダイムについて論じることにしたい。

また、本書では言霊学と伯家神道の教えと重なる世界像を示すものとして、量子《りょうし》論を主とした自然科学を取り上げ、それが「神秘」を「論理」で解き明かすものであるという理解を提示する。

それについて七沢氏は、かつて大学院で宗教学を研究していた立場からこう述べている。

「人文科学はアナロジー（類比）でしかないとよくいわれます。しかし、それも科学であることにはちがいありません。そこで私は、自然科学の培《つちか》ってきたより進んだ方法論を、人文科学が使わせていただくというスタンスで研究をしてきました。

さらにいえば、これからの自然科学は、臆することなく人文科学の領域へと踏み込んでいかなければなりません。これからの物理学はモノの理《ことわり》ばかりでなく、人の霊・魂まで含めた万物の創造のところまで解き明かさなければならないのです。

その点で、量子論の登場は、自然科学と人文科学との両者へ大きなパラダイムシフトをもたらしうるといっていいでしょう」

七沢氏は、万物の創造を解き明かさんとする新しい時代の物理学は、目に見えない神秘の領域まで扱うという意味で「窮理学《きゅうりがく》」と呼ばれるべきだという。それは、人の本質である「霊・魂」を科学によって解明しようとする試みであり、人文科学分野の方向からは、高度な論理性を持つ言語学がその用をなすと予想している。

すなわち、七沢氏が半世紀以上にわたって取り組んできた言霊学とは、言語学的アプローチによって「霊・魂」の本質を解き明かそうとするものだといえよう。

◉――階層性と統合性によって知識を整理する

新時代のパラダイムを模索する七沢氏のアプローチは、言霊学を一つの土台にしながらもそこにとどまらない。七沢氏はこう言う。

「古代日本の哲学、思想、古代祭祀、神事《しんじ》、呪術《じゅじゅつ》などの大部分は、現代の宇宙物理学や量子論、量子場脳理論などの観点から、その意味や原理を読み解くことができます」

ただし、哲学や祭祀の世界と物理学の世界を直接に結びつける学問は今のところ存在しない。そこで、七沢氏が試みるのは、言霊学と伯家神道の研究・実践をもとにした新しい理論体系の構築である。それについて氏はこう説明する。

「その理論体系の根幹となっているのが階層《かいそう》性と統合性です。ここでいう階層性とは物事を五つの階層で考えることを指しており、各階層の連関《れんかん》への理解が統合性となります」

大学院で研究していた宗教学を背景にして、言霊学や伯家神道に見られる日本古来の哲学や祭祀の世界と、量子論や量子場脳理論といったまったく異なる分野とを統合しようとする七沢氏の姿勢は、ともすれば、自然科学分野からも人文科学分野からも批判を呼ぶかもしれない。通常、科学の各分野は細分化されており、それぞれの専門家が自らのテリトリーを守りつつ、他分野には踏み込まないように配慮し合っているからである。

だが、そのような閉鎖的な「ムラ社会」をつくることから、行き詰まった西洋文明を打破するような画期的なパラダイムが生まれるものだろうか？

今こそ、七沢氏の言うように、これまで人類が蓄積してきた知識を、階層性と統合性の下に再整理するべきときではないだろうか？

七沢氏は、自らがこれまで研究してきたことのすべてを統合する理論体系を、日本語の五十音構造に見られる階層性と統合性の中に見出した。

すなわち、七沢理論における五つの階層はそのまま「あいうえお」という五つの母音に対応し、そこから整然と展開される五十音の構造がそのまま、哲学や祭祀の世界と物理学の世界に通底《つうてい》する階層性と統合性の構造に対応するのだという。

論理の飛躍――そう思われる方もいるかもしれない。だが、本書を読み進めていくと、これが決して単なる思いつきの話ではないことがご理解いただけるはずだ。

なお、七沢氏は農業や医療、教育などの分野に言霊を応用する実証実験をこれまでに数多く行ってきており、そのほとんどで持説を証明する結果を得ている。そして、その実験結果をもとに開発された言霊の力を現実に応用するいくつかのツールは、現実に多くの人々へ多大な恩恵をもたらしている。

それらの理論体系とツールは、単に言霊（＝言語の持つエネルギー）を便利に使うというばかりでなく、これからの時代における新しいパラダイムを提示しうると七沢氏は主張する。

「今、世界は大きく動いており、新たなパラダイムの胎動《たいどう》が始まっています。今、求められているのは『文明の衝突』ではなく『文明の大祓《おおはらい》』です。そのパラダイムシフトに際して明らかにしたいのが、五階層で物事を考えるということです。

その具体的な方法として、1万年の伝統を持つ言霊と伯家神道の考え方と、新しい考え方である量子論とを合わせ、人々の行動や実践の指針を示していければと思います」

七沢氏は、人と神が一体であったころの考え方を伝承するのが言霊学であり、伯家神道であると言う。それはまた、西洋文明と東洋文明との融合を導く考え方であるにちがいない。

人と神が一体、とは統合された意識のあり方であり、また、そこから生じてくる行動であると考えればいいだろう。そして、科学文明が発達した現代にそれがよみがえることは、人類に高次の統合をもたらすことになるはずだ。

◉──本書の使命とその方法論

その来《きた》るべきパラダイムシフトを前に出版される本書は、その新たな理念と実践への提案の書であり、言霊学と伯家神道に焦点を合わせつつ、哲学、宗教、古代祭祀、量子論、量子場脳理論などを網羅《もうら》する、七沢氏のこれまでの研究成果を分かりやすく伝えることを目的として、氏への取材とその論評を中心に構成されたものである。

一つ断っておきたいのは、筆者は自然科学を専攻してきた人間ではないということだ。

そのため、各科学分野が提示する世界像の類似性を検討するにあたり、厳密に科学的な手順を踏むのではなく、アナロジー（類比）に基づくことが多くならざるを得ない。しかしながら、このアナロジーは、異なる科学分野間、さらには宗教や政治、経済など多分野間において、呼応や対話の土台となりうるだろう。

また本書は、言霊によって現実を変える具体的な方法を一般に初公開したという点で、これまでにない画期的な書である。

——世界をより良く変えたい人、自分をより良く変えたい人、神と人が一体であることを実感したい人、そして日本と日本語を愛する人にとって、本書が寄与するところがあれば幸いである。

第2章　伯家神道が明かす神道の深層

第3章 言霊・神道と最先端科学の融合

第4章 言霊で現実を創造する方法

各章扉写真＝市毛實

［第1章］

言霊に秘められし霊性を呼び覚ます

◉——日本に埋蔵された豊穣な知的資源

日本は外国の文化を柔軟に取り入れて、それを磨き上げていくことに長《た》けているといわれる。ここでいう外国の文化とは、中国文化や、ローマ・中東方面からシルクロード・中国・韓国を経由して流入してきた文化、そして、近代以降に入ってきた西洋文化のことであり、その初期のものは奈良の正倉院に名残《なごり》が見られる。

そこには、朝鮮半島や中国はもちろん、遠くインド、ペルシャ、ローマに由来する宝物が収められており、日本がシルクロードの東の終着駅であることを雄弁に物語っているといえよう。

ジャーナリストの高野孟《はじめ》氏は自著において、それらの文化流入経路に東南アジアやロシア経由の経路も加えて図式化したものを紹介しており、さらに、武蔵野美術大学教授の原研哉氏は、その図を90度回転させることで日本が世界からどう影響を受けてきたのかを直

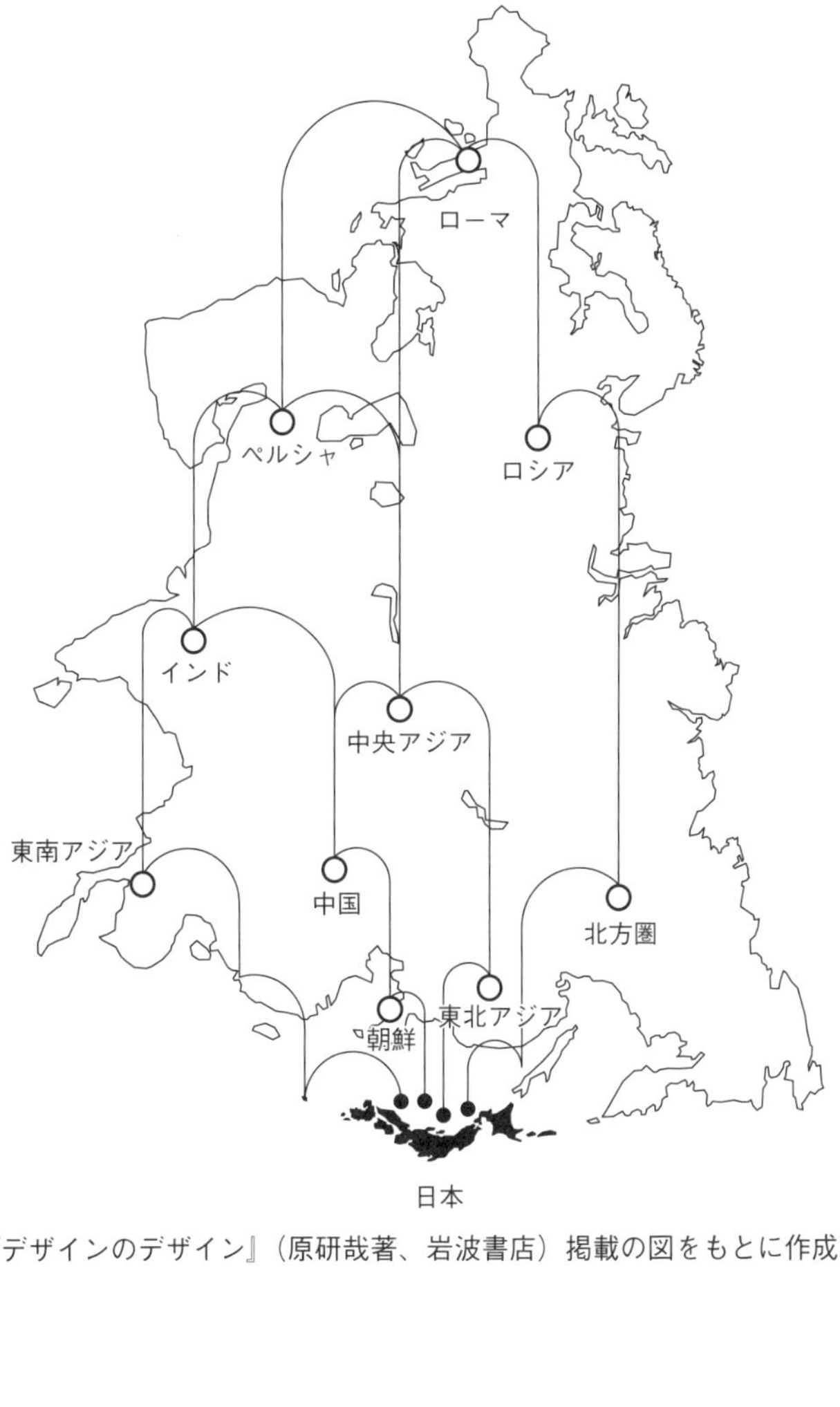

『デザインのデザイン』（原研哉著、岩波書店）掲載の図をもとに作成

感的に理解できると主張されている。

ユーラシア大陸を東進《とうしん》していく文化の流れは、その大陸を右に90度回転させてみると、まるでパチンコ台の中をあちこちぶつかりながら落ちていく玉の流れのようにも見える(前ページ図)。そして、その玉が最終的に飲み込まれていく受け皿が日本である。つまり、ユーラシア大陸の各地で育《はぐく》まれた叡智《えいち》が日本に流入してそこで集積し、洗練が加えられつつ、現代に至るまで大切に保存されてきたということだ。

さらに、日本語が1万年を超えて生き抜いた数少ない言語であることを考えるなら、このような文化流入は四大文明発祥以前——それこそ1万年以上前から起きていたことになるだろう。

七沢賢治氏は日本語の成り立ちと文化の東進についてこう述べる。

「言語は、食べ物などを捕獲し採集するためのコミュニケーションから発達したと考えられます。狩猟《しゅりょう》民は獲物に気付かれないように会話をするために子音が発達する一方で、漁労《ぎょろう》民は海岸や広い海の上で遠くまで聞こえるように母音が発達します。そうした異なった言語文化を持つ民族がユーラシア大陸の東端にある島国にたどり着き、一つの民族として融合する過程で形成されていったのが日本語です。

私たち日本人は、人類が誕生したときからの『種の遺伝子』を持つと同時に、精神や文化の遺伝子をも継承《けいしょう》・蓄積しています。ユーラシア大陸東端の島国というその地理的特性から、大陸からの文明や文化が博物館のように蓄積され、精神や文化の遺伝子として継承されているのです。

このことは、古代レプチャ語や古代ポリネシア語といった言語が、山岳や島々の辺境において1万年を超えて生き抜いてきたことにも似ています」

七沢氏のいう「精神や文化の遺伝子」とは、進化生物学者のリチャード・ドーキンスが提唱する「文化遺伝子（ミーム）」を起源にした概念であり、文化を人から人へと伝達される遺伝子のようなものとして捉えたものだといえる。

その考え方でいえば、日本は世界各地で生まれた太古からの文化遺伝子を現代にまで蓄積・継承・保存していることになるが、現状の日本文化のありようからも分かるように、われわれの目に見えるところに直接それが表れているわけではない。

では、1万年を超えて埋蔵されてきたその豊穣《ほうじょう》な知的資源にアクセスするにはどうすればいいのか？

その入り口となりうるのが1万年以上の歴史を持つ日本語である。もちろん、現代語

七沢賢治氏

では不十分であるため、現代語のもとになった古語、さらに古語のもとになった上代語《じょうだい》（上代和語《わご》）にまでそのルーツをさかのぼる必要があるだろう。

七沢氏は、上代語とそれに密接に関連する古代の日本文化、精神性、祭祀などを総合して「古層和語圏《こそうわごけん》」と呼んでおり、漢字の導入によっていったんは断絶されたその古層和語圏への再連結こそが、1万年を超えて蓄積・継承・保存され埋蔵されてきた知的資源へのアクセスを可能にすると考えている。

神代より　言い伝《つたへ》て来《け》らく
そらみつ　大和《やまと》の国は　皇神《すめかみ》の　厳《いつく》しき国
言霊の　幸《さき》はふ国と　語り継ぎ　言い継がひけり

これは、『万葉集』収載の山上憶良《やまのうえのおくら》の歌であり、日本は遠い過去からずっと言霊の国であるという意味になる。

日本語を古層和語圏へアクセスするツールと考えてみると、この歌の意味するところを別の角度から理解することができるだろう。

◉——日本語が形成する日本人特有の感性

日本語は言語の形態論上の分類において「膠着語《こうちゃくご》」のカテゴリーに入る。これは、単語に接頭辞や接尾辞などを膠着（にかわではりつけたように）させて意味を生み出す形態の言語であり、その構造は日本語の成立過程に深くかかわっている。

上代語における最短の単語は一音であり、その一音一音の組み合わせから日本語は生まれてきた。

「そのように一音で意味を成す言葉を『一音語』、その意味を『一音義』といいます。一音語の代表は体の各部を表す単語であり、マ（目）、タ（手）、ハ（歯）などがあります。これが二音になると、ミミ（耳）、イキ（息）、アク（足）などとなります。つまり、日本語では一音にも意味があり、それが二音、三音となり、組み合わされて、次第に言葉が形成されていったのです」

七沢氏によると、上代語は一音語に始まり、二音、三音となり、その三音の組み合わせだけで2500以上の単語が形成されていたという。2500語といえば、人と人との意思疎通において必要十分な単語数であり、複雑な心情を表すこともできたはずだ。

一例として「憧《あこが》れる」という言葉を考えてみよう。

これは古代においては「アクガル」であり、身体語である「アク（足）」と動作語の「カル（駈る）」を膠着させて生まれた単語であった。つまり、足が地から離れて中空を漂っているような精神状態のことを古代の人々は「アクガル」と呼んだのだ。そのように、一音語、あるいは二音語、三音語が結びついていき、数多くの語彙《ごい》が生み出された。

「一音語にも多義があり、一音多義と呼ばれます。そして、その一音語が組み合わさってさまざまな言葉になっているのが、あらゆる現象を語彙にした日本語の特長です」

そのように森羅万象《しんらばんしょう》を語彙にするプロセスにおいて、日本語には擬音語《ぎおんご》や擬態語《ぎたいご》が他の言語と比べて数多く含まれることになった。いわゆる言語学の世界では、そのような擬音語・擬態語は幼稚なものとされるようだが、見方を変えれば、これは天地自然に感応《かんのう》しやすい日本人特有の感性を示すものといえよう。

このことは、元・東京医科歯科大学教授の角田《つのだ》忠信氏による、日本人の脳についての研究にも述べられている。

人が話すときには言語脳とされる左脳でその音を聞き、楽器の音などは音楽脳と呼ばれる右脳で聞いている――と一般にはいわれているが、角田氏によると、虫の声のような自然界の音の場合では、西洋人などが右脳においてノイズ的な「音」として聞く一方で、日本人は左脳で会話のような「声」として聞いているという。

そういわれると心当たりのある人もいるだろう。

鳥のさえずりや動物の鳴き声、風が木の枝を揺らす音や雨音など日常に溢れる自然音をわれわれはある種の「声」として捉え、その自然界からの語りかけに趣きを感じてきた。

――こここここと　雌鳥《めんどり》呼ぶや　下すずみ

鶏《にわとり》の鳴き声をそのまま「ここだここだ」と呼びかける声とみなした、この小林一茶《いっさ》の句は、まさにそのような日本人の天地自然への感応性が最大限に生きたものとなっている。

角田氏によると、自然音を左脳で「声」として聞く日本人の特性は人種的なものではなく、あくまで日本語に由来するという。つまり、外国人であったとしても、日本語で育てられると「自然の声」を聞くことができるのだ。

◉——上代語に表れる日本人の霊性

国見《くにみ》儀礼という祭祀もまた、そのような自然への感性に通じるものだ。

国見儀礼とは天皇が高い山に登り、その視界に入る天地自然の中にさまざまな兆しを読み取り、それと交感・対話・交渉して秋の豊穣を前もって祝うものである。それは、自然の声との対話であり、同時に言霊の力を施行することでもあった。

『日本書紀』には皇極《こうぎょく》天皇が雨乞いのために天に祈ると、突如大雨が降ったという記述が見られるが、そうした業《わざ》もまた、天地自然と感応する言霊の力に基づいているのだろう。

とはいえ、何でも言葉にすればいいというものでもない。自分の意志を言葉にして言い立てることを「言挙《ことあ》げ」というが、むやみな言挙げは慎むべきというのが日本古来の考え方である。

次に紹介する歌は、『万葉集』に収載された、柿本人麻呂《かきのもとのひとまろ》が旅立つ友人に贈った歌であり、言挙げについて述べられたものだ。

葦原《あしはら》の　瑞穂《みずほ》の国は　神《かむ》ながら　言挙《ことあげ》せぬ国　然《しか》れども
言挙ぞ吾《あ》がする　事幸《ことさき》く　真幸《まさき》くませと
恙《つつみ》なく　幸《さき》くいまさば　荒磯波《ありそなみ》　ありても見むと
百重波《ももへなみ》　千重波しきに　言挙すわれは　言挙すわれは（長歌）

磯城島《しきしま》の　大和の国は　言霊の助くる国ぞ　真幸《まさき》くありこそ（反歌）

日本は本来、言挙げしない国ではあるが、私は旅の幸せをあえて何度も言挙げしたので、大和の国の言霊の力によって、旅の幸せは確かなものとなった。

——おおよその意味はこんなところだろうか。

ここには、むやみに願いを言葉にしてはならないこと、そして、真剣な思いで口にされた言葉には言霊の力が備わって霊威《れいい》を発揮することが記されている。

その言霊なるものへの理解を深めるため、再び上代語の世界をのぞいてみよう。

上代語には古代の霊性のあり方と関連する単語があり、そのうち現在でも残っているのが、タマ（魂）、タマシヒ、カミといった言葉である。

それについて、七沢氏の友人として共に神道や言霊を研究してきた能澤壽彦《のうざわとしひこ》氏は、「イ、カ、キ、サ、チ、ツ、ナ、ニ、ヌ、ネ、ヒ、フ、ホ、ミ、ユ……」といった一音語が霊性との関連を示す「霊格語《れいかくご》」となっており、それが、神名《しんめい》や人名、さまざまな名詞や動詞の中にその構成要素として組み込まれていると説明する。

そして、その一例として、イノル（祈）、サニワ（沙庭、審神）、イカヅチ（雷）、ヤサカニ（八坂瓊）、ウケヒ（宇気比）、ユツイハムラ（斎つ岩群）など霊性と関係する単語を挙げている。

それらの単語に組み込まれた霊格語は、言霊を発揮するトリガー（引き金）の働きをすると考えればいいだろう。そして、そのようにして上代語における一音語や二音語からの単語の派生を探ることで、われわれ日本人の霊性の様相も明らかになっていく。上代語から現代語に至る変遷は、そのまま日本人の文化と精神性の歩みであるからだ。

七沢氏は「語源モデリング」という形で、その部分を明瞭に解き明かそうと試みる（次ページ図参照）。

「タ（手）という一音語とムク（向く）という二音語の組み合わせが、上代語のタムクに

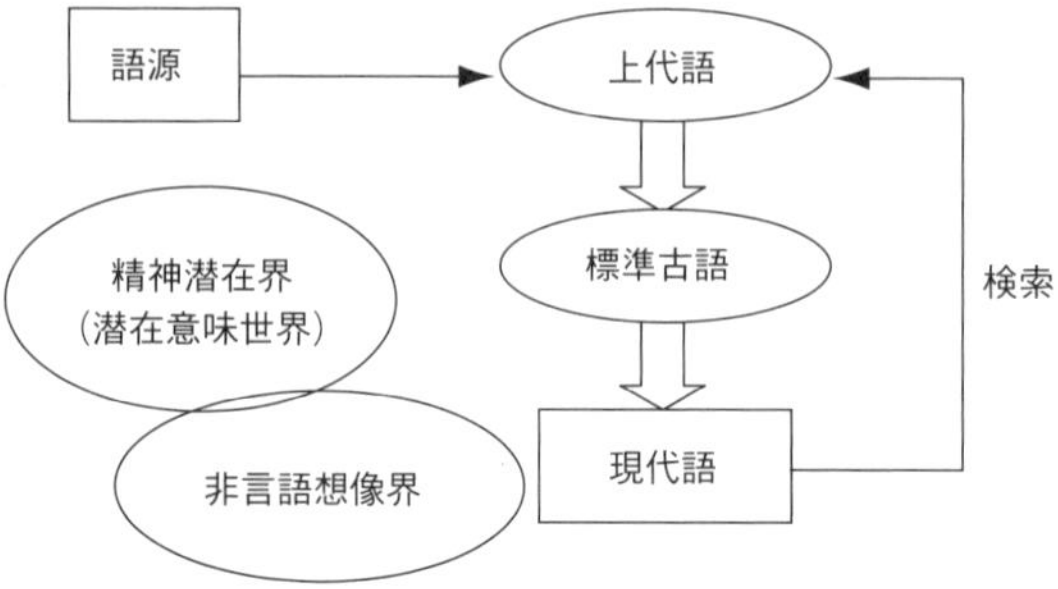

- 語源モデリングは、（単に学問的要請ばかりでなく）
  精神潜在界への照明であり、　（ → 哲学的）
  非言語想像界の開発でもある。（ → 芸術的）

〈例〉

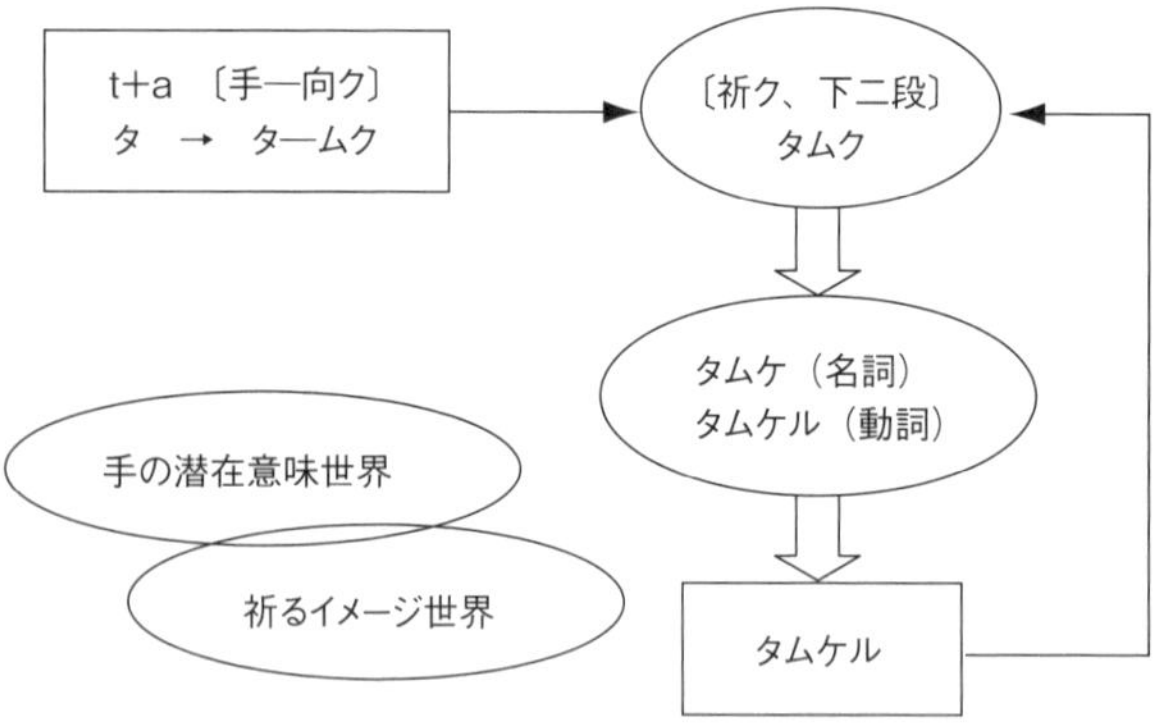

残存古語（命長く、現代語化した古語）

語源モデリング

なり、それがタムケ、タムケルといった古語となり、さらに、現代語の『手向ける』という言葉として今に残っています。これを現代語化した古語という意味で残存古語《ざんぞんこご》と呼んでいます」

氏によると、単語の成り立ちをよく見ることで、言葉の向こうにある精神やイメージの世界が照らし出されるという。この例でいえば、タムク、タムケルといった単語の向こうに、手という身体器官の持つ潜在的な意味や、祈りのイメージが存在していることに気づかされることになるだろう。

そして、そのような語源への洞察は、古代の日本文化、精神性、祭祀などを総合した「古層和語圏」へのアクセスをも可能にするはずだ。

◉──言霊学の始まり

「古層和語圏」へのアクセスを意識的に行う試みといえるのが、江戸時代に興《おこ》り、明治になってから独特な発展をみせた言霊学《げんれいがく》という学問だ。

すでにご説明したように、言葉が心（＝霊）に直結するという言霊の考え方自体は『万葉集』の時代以前からあったわけだが、それを体系的に捉え始めたのは江戸時代に入ってからであり、さらに明治時代における急速な西欧化の流れの中で民族主義的な機運が高まったことが一つのきっかけとなって、言霊学として確立されることになった。

その言霊学を簡単に定義するなら、日本語を構成する各音の持つ潜在的意味や日本人の精神性・霊性とのかかわりを、ある種のエネルギーとして把握しようとする学問といえようか。

たとえば、アという一音には、亜、吾、我、阿といった意味があり、さらに、「あー、驚いた」「あーあ、がっかりだ」「あー、なるほど」というように、心情の働きにも連動している。そのように、五十音の各音に人の心を構成する五十種類の要素を対応させられるとすれば、人は無意識のうちに五十音の組み合わせによって心を動かしていることになり、逆にいえば、五十音各音の持つ言霊によって人の心を動かせることにもなる。

近代における言霊学の発祥は、書道家で神代《じんだい》文字の研究家でもあった山腰《やまこし》弘道という人物が明治天皇と共に、宮中賢所《かしこどころ》にあった文書と昭憲皇太后の実家・一条家からもたらされた文書から言霊の法則を学び取り研究を始めたことに始まる。

その研究は山腰弘道氏の子息である明将氏が興した「明生会《めいせいかい》」に引き継がれ、さらにその門下生である小笠原孝次《こうじ》氏に引き継がれた。

そして、その小笠原氏から言霊学の教えを受けたのが七沢賢治氏である。

七沢賢治氏は昭和22年、山梨県甲府市生まれ。戦後の混乱の中、周囲で起こる土地や物の奪い合いに心を痛めていた氏は、物心ついたころには「なぜ人と人が仲良くできないのか？」「どうやったらそれが解決できるのか？」というテーマに思いを向けていた。そして、その答えを見出すべく文学や哲学の本を読み漁り、16歳のときにふと、「どうやら宇宙には意志がある」と直観する。

その体験の影響か、統合という考え方に興味を示すようになった七沢氏は、大学進学後、さまざまな宗教が教義として語っているところを統合する学問を志し、中立的な立場で宗教を研究するようになる。

最初に師事したのは言語・文化研究者として著名な奈良毅《つよし》氏。その後、言霊学を伝える小笠原孝次氏に師事する。その最初の出会いは次のようなものであった。

１９７５年1月、当時大学院生だった七沢氏は国会図書館で小笠原氏の著書『言霊百神』に出会う。そこに書かれた、日本語の一音一音から広がる整然とした世界観に強い衝撃を受けた氏は、図書館から小笠原氏に電話をして面会を申し込んだ。

偶然にもその日は小笠原氏の72歳の誕生日であり、その日から七年間、七沢氏は小笠原氏の自宅に毎日のように通うことになる。

「小笠原先生の六畳一間の部屋で正座して、一対一で、延々と禅問答のようなことをさせていただいたものです。先生は、広告の裏の余白にいろいろ書いて説明してくれましたが、厳しい人でもありました。また、すごい霊力の持ち主であり、心の中で思ったことを全部読まれてしまうので、考えないようにするのが大変でした」

小笠原氏は相手がどの程度悟っているのかを前提にして人と接していたという。

七沢氏は「そんな偉大な師から自分が大事にしてもらえた理由が分からない」と謙遜するが、その若き弟子時代から数えて数十年後に言霊学を大きく飛躍させた功績を思えば、やはり、小笠原氏は正しく七沢氏の素養を見抜いていたのだといえよう。

◉――五十音は何を表しているか

明治時代以降に日本語のローマ字表記が始まったことが一つの刺激となり、言霊学における五十音の体系的な理解が推し進められることになった。

ローマ字表記では日本語の一音を子音と母音の組み合わせで表すが、言霊学では父韻《ふいん》と母音の組み合わせが子音を生むと考える。そこでいわれる「父韻」とは、一般にいう子音であり、「子音」とは一般にいう子音と母音の組み合わせによって生まれる五十音の各音のことを指す。つまり、結果的にはローマ字の考え方と同じことを言っているのであり、この両者の説明に根本的な違いはない。

言霊学では、どうしてそのような用語の言い換えがなされたのか？

七沢氏はこう説明する。

「父と母が結婚することで子ができるというのが有性生殖《ゆうせいせいしょく》の基本ですから、その意味で、言霊学では父韻と母音が子音を生み出すという考え方をします。これは一見すると、ローマ字に触発されて生まれてきた概念であるように思えますが、そうではなく、ローマ字が入ってくるまで封印された概念であるとも考えられます」

そう、言霊学は言葉を大切に扱う学問であるからこそ、「子音」ではなく「父韻」でなければならなかったのだ（詳しくは後述）。

では、五十音の意味について言霊学はどう答えるのか？

言霊学では、五つの母音「アオウエイ」を自己の心の五階層の働きを表すものとし、五つの半母音「ワヲウヱヰ」をその心を伝える相手の心の働きを表すと説く。「アオウエイ」は主体・主観を表し、「ワヲウヱヰ」は客体・客観を表すといってもいいだろう（ここも詳しくは後述）。

そして、八つの父韻「チキミヒリニイシ（TKMHRNYS）」は相手に心を伝える際の理想的な心の働きを表し、残り三十二の子音は、母音・半母音と父韻との組み合わせによって生じる現象を表していると考える。

つまり、五十音には理想的な心のあり方や他者との接し方が、ある種の行動規範として組み込まれているというのが言霊学における理解である。

加えて、その五十音がそのまま古層和語圏へ地続きとなっていることはいうまでもない。

母音	階層
i	意志
e	結合
a	精神
o	情動
u	生命

母音の五階層構造

w	s	y	n	r	h	m	k	t	父韻
保存力	透刺力	飛至力	吸引力	螺旋力	開発力	旋回力	陰出力	陽出力	律力
帰結	調和	繁栄	成熟	浸透	啓発	整理	収納	創造	概念
保存	波及	共鳴	吟味	存続	咀嚼	捕捉	稼働	衝突	意味

父韻のエネルギー・概念・意味

五十音を考えることは、古代の日本文化、精神性、祭祀などに触れていくことに等しく、それは同時に、1万年を超えて今に残されたユーラシア大陸全域の叡智のデータベースにアクセスすることにもつながってくるのだ。

もちろん、ほかの言語であっても、それがある種のデータベースであることにはちがいない。だが、日本語にはほかの言語にない有利な特長があるという。

「アルファベットは26文字ですが、日本語は五十音であり、しかもその一音ごとに複数の意味が備わっています。そのため、より客観的に、より多くの情報を扱えるという点で、日本語は最も進化した言語であるといえるでしょう」

さらに七沢氏は、五十音から母音を除き、「ん」を加えた四十六音についても独自の見解を持つ。

「四十六という数が染色体の23対《つい》の倍の数と一致しているという事実は大変興味深いものです。私はこのことから、小笠原先生がよく『染色体の振動を増幅したら、きっと五十音になる』とおっしゃっていたことを思い出します。そして、日本語には染色体を構成するDNAに働きかける言語エネルギーのようなものが備わっているのではないかとも考えています」

七沢氏による、言語エネルギーの応用に関する研究成果は後の章でご紹介することにして、ここでは言霊学の深奥《しんおう》へとさらに歩みを進めることにしよう。

◉――言霊で読み解く『古事記』

言霊学では『古事記』、中でもその創世神話の箇所の解釈を重視する。

人類史において宗教に先行して発生した神話は、決して「ただのお話」などではなく、その民族の文化・精神性・祭祀などに裏付けられた叡智の結晶であるといえよう。『古事記』でいえば、それに接することは、1万年を超えて「古層和語圏」にアクセスすることにも等しい。

だが、神話の多くは、現代になじみのない表現と荒唐《こうとう》無稽《むけい》とも思える内容がハードルとなり、どう読み解けばいいかという点で読む者を悩ませてきた。

『古事記』についてもそれは同様であり、何か大切なことが語られているようでいて、その「何か」に関しては皆目見当がつかないと感じている者が多いはずだ。つまり、普通に読むなら、これは「ただの物語」でしかない。

先述の能澤壽彦氏はそうなった原因を、神話の内容が文章の形で記述されたことで、祭祀や儀礼の実践とのつながりを失ったことに求めている。神話を読む者の想像力が届きにくく、また基軸《きじく》や芯の見えにくいありように変質してしまったのはそのためだというのだ。それはさらに、祭祀や儀礼から神話性の持つ命や力をそぎ取り、形式化し、無力化していくことにもつながったという。

だが、能澤氏はこうも言う。

「それにもかかわらず、昨今の文明大画期《だいかっき》を要請される時代に、神話は宗教以上に有力な切り札であり得ます。神話力が深く解明されれば、その知の可能性は巨大です」

では、氏の言う「神話力」――この場合『古事記』の持つ命や力――を深く解明するにはどうすればいいか？

ここで言霊学の出番となる。日本語の深層を開示せんとする言霊学は、『古事記』へ息《い》吹《ぶき》を吹き込み、その命をよみがえらせることに成功したのだ。

七沢氏は『古事記』に関して、それが言霊の奥義を記したある種の暗号文書のようなものであるとしている。

「『古事記』は成立直後から意図的に隠されたのではないでしょうか。『古事記を釈《と》く者は死す』という詛《のろ》い言《ごと》があったのはそのためでしょう。おそらく、『古事記』の中に折り込まれた神話の知や儀礼の力が読み出されて利用されるのを恐れたからだったと思います。

そして端的にいうと、『古事記』に隠されたのは、言葉が神であるというメッセージではないでしょうか。言葉が神だということを実感した古代の人々が、そのことを五十音に並べ、それを残すために『古事記』に編み込んだと私は考えています」

『古事記』の秘密が言霊によって開示されるのか？

それとも、言霊の秘密が『古事記』によって開示されるのか？

いずれにせよ、言霊と『古事記』が表裏《ひょうり》一体のものだとすれば、その違いはそう大きなものではない。

◉——天地創世と五十音の誕生

では、『古事記』の序文に続く創世神話の箇所について、その原文と言霊学における解釈とを照らし合わせることにしよう。

（古事記原文）

天地《あめつち》初めて発《ひら》けし時、高天原《たかまのはら》に成りし神の名は、天之御中主神《あめのみなかぬしのかみ》、次に高御産巣日《たかみむすび》神《かみ》、次に神産巣日神《かみむすびのかみ》。この三柱の神は、みな独神《ひとりがみ》と成りまして、身を隠したまひき。

小笠原氏の著書『言霊百神』では、ここに描かれる神々の誕生を言葉の誕生として捉え、次のように解釈する。

（言霊百神注釈）

天之御中主神《あめのみなかぬしのかみ》ウは渾然たる一者であるが、この一者から初めて天地が剖判《ほうはん》を開始する。天地が剖《わ》かれてアとワに対立すると云うことは、吾《ア》と我《ワ》（汝）の二つに剖れると云うことである。（中略）初め宇宙が剖判すると高御産巣日神《たかみむすびのかみ》（アオウエ・イ）、次に神産巣日神《かみむすびのかみ》（ワヲウヱ・ヰ）に分かれる。

天地創造の過程において最初に生まれた天之御中主神《あめのみなかぬしのかみ》は言霊でいうと「ウ」にあたり、そこから「ア」と「ワ」の二つが生じる。すなわち、混沌《こんとん》とした宇宙に生まれた意識を天《あめ》之御中主神《のみなかぬしのかみ》「ウ」、宇宙を照らす意識の光を高御産巣日神《たかみむすびのかみ》「ア」、その光によって照らされた客体としての宇宙を神産巣日神《かみむすびのかみ》「ワ」としてそれぞれ定義づけたのである。

これらの神は造化三神《ぞうかさんしん》と呼ばれ、「ウ」「ア」「ワ」は言霊の出発地点でもある。老荘《ろうそう》思想ではこれと同じことを数で表しており、「一、二を生じ、二、三を生ず」という老子の言葉がそれに該当する。

さらに、「ア」「ワ」の両者からは母音（アオウエイ）と半母音（ワヲウヱヰ）、そして八つの父韻（八律《はちりつ》父韻）が生じていく。以下、そのプロセスについての『古事記』の記載である。

（古事記原文）

次に国稚《わか》く浮ける脂《あぶら》の如くして、海月《くらげ》なす漂《ただよ》へる時、葦牙《あしかび》の如く萌《も》え騰《あが》る物によりて成りし神の名は、宇摩志阿斯訶備比古遅神《うましあしかびひこぢのかみ》、次に天之常立神《あめのとこたちのかみ》。この二柱の神もみな独神《ひとりがみ》と成りまして、身を隠したまひき。

上《かみ》の件《くだり》の五柱《いつはしら》の神は別天《ことあま》つ神。

次に成りし神の名は、国之常立神《くにのとこたちのかみ》、次に豊雲野神《とよくもぬのかみ》。この二柱の神もみな独神と成りまして、身を隠したまひき。

次に成りし神の名は、宇比地邇神《うひぢにのかみ》、次に妹須比智邇神《いもすひぢにのかみ》。次に角杙神《つぬぐひのかみ》、次に妹活杙《いもいくぐひの》神《かみ》。次に意富斗能地神《おほとのぢのかみ》、次に妹大斗乃弁神《いもおほとのべのかみ》、次に於母陀流神《おもだるのかみ》、次に妹阿夜訶志古泥《いもあやかしこねの》神《かみ》。次に伊邪那岐神《いざなぎのかみ》、次に妹伊邪那美神《いもいざなみのかみ》。

上の件の国之常立神《くにのとこたちのかみ》より下《しも》、妹伊邪那美神《いもいざなみのかみ》より前《さき》を、并せて神世七代《かみよななよ》と称《い》ふ。

次に、右のくだりについての『言霊百神』の解説である。

（言霊百神注釈）

アとワである陰陽両儀は、オヲ、エヱを分けて、その剖判の最後の段階であるイヰの次元に至って初めて「独り神」「隠《かく》り神」の領域を離れて交流して実相を生む生命活動を開始する。

ここに書かれているのはこういうことだ。

天之御中主神《あめのみなかぬしのかみ》としての「ウ」から生じた高御産巣日神《たかみむすびのかみ》「ア」と神産巣日神《かみむすびのかみ》「ワ」は、それぞれ新たな神を生んでいく。前者からは、天之常立神《あめのとこたちのかみ》「オ」、国之常立神《くにのとこたちのかみ》「エ」が生まれ、後者からは、宇摩志阿斯訶備比古遅神《うましあしかびひこぢのかみ》「ヲ」、豊雲野神《とよくもぬのかみ》「ヱ」が生まれる。

ここまでのところで「イ・ヰ」を除く母音・半母音が出揃ったことになり、この後、次々と父韻に対応する神が生まれていく。

すなわち、宇比地邇神《うひぢにのかみ》「チ」、須比智邇神《すひぢにのかみ》「イ」、角杙神《つぬぐひのかみ》「キ」、活杙神《いくぐひのかみ》「ミ」、意富斗《おほと》能地神《のぢのがみ》「シ」、大斗乃弁神《おほとのべのかみ》「リ」、於母陀流神《おもだるのかみ》「ヒ」、阿夜訶志古泥神《あやかしこねのかみ》「ニ」——これらが八律父韻だ。

そして、最終的に生まれるのが、伊邪那岐神《いざなぎのかみ》「イ」と伊邪那美神《いざなみのかみ》「ヰ」となる。これで

子音（32音）

半母音（5音）：左列　／　母音（5音）：右列

ワ	サ	ヤ	ナ	ラ	ハ	マ	カ	タ	ア
ヲ	ソ	ヨ	ノ	ロ	ホ	モ	コ	ト	オ
ウ	ス	ユ	ヌ	ル	フ	ム	ク	ツ	ウ
ヱ	セ	エ	ネ	レ	ヘ	メ	ケ	テ	エ
ヰ	シ	イ	ニ	リ	ヒ	ミ	キ	チ	イ

父韻（8音）

五十音図フトマニ（布斗麻爾）
『古事記』で定義されている、言霊五十音を配列図にしたもの。古神道では、この配列以外にも、天津太祝詞・天津金木・天津菅麻・宝音図・赤珠音図など数種あるが、この配列が本来の「フトマニ」である。

母音と半母音が完全に揃ったことになる。

「イ」と「ヰ」は夫婦として呼び合い子を産んでいくが、その交流の道は「イの道」、すなわち「生命《いのち》」と呼ばれる。またそのように生命を生み出していく活動は「婚《よば》ひ」という。つまり、伊《い》邪《ざ》那《な》岐神《ぎのかみ》「イ」と伊《い》邪《ざ》那《な》美神《みのかみ》「ヰ」の呼び合い（ヨバイ）ということだ。

それは同時に母音（アオウエイ）と半母音（ワヲウヱヰ）の呼び合いであり、またそこに加えて父韻が呼び合うことでもある。そして、それらの呼び合いの結果として、残り三十二の子音が生まれてくるのである。

◉──五十神と五十音のマンダラ

どの民族の創世神話も『古事記』と似て、無あるいは混沌の中から神々が順を追って生じる様子が描かれる。一神教の神話であれば、至高の一者としての神が森羅万象を順に創造するプロセスとなるだろう。

だが、似てはいても『古事記』ほどの緻密《ちみつ》な体系性を持つ神話はそう多くはない。

その緻密な体系性は神々の生成過程に表れており、しっかり眺めてみると、七沢氏が五十音に見出した階層性や統合性が浮かび上がってくる。

加えて、伊邪那岐神《いざなぎのかみ》「イ」と伊邪那美神《いざなみのかみ》「ヰ」のように、兄神と妹神が対称性を持ちながら展開していく様子と、その対称性が階層的に破れていく構成も非常に興味深い。

シカゴ大学名誉教授の南部《なんぶ》陽一郎氏は、そのような対称性の破れを量子力学の世界で研究してノーベル物理学賞を受賞されたが、そのことは七沢氏の言霊研究に物理学の世界からの示唆を与えることになった。それについては後章で詳しく述べるが、非常に重要なポイントであるので、とりあえず心に留めおいてほしい。

さて、七沢氏は、伊邪那岐神《いざなぎのかみ》・伊邪那美神《いざなみのかみ》から先の神の生成過程について次のように説明する。

「言霊学では、古事記に説かれた、天之御中主神《あめのみなかぬしのかみ》から数えて九十八番目の天照大御神《あまてらすおおみかみ》、九十九番目の月読神《つきよみのかみ》、百番目の須佐之男神《すさのをのかみ》までを言霊百神《ひゃくしん》と呼び、その最初の五十神を五十音にあてています。残りの五十神はその五十音の運用の仕方を示す神ということになります。なお、この百神はすべて天津神《あまつかみ》であり、最後の須佐之男神《すさのをのかみ》は最後の天津神であると同時に最初の国津神《くにつかみ》となっています」

七沢氏は、五十神並びに五十音の生成過程を同心円状に展開するマンダラ形式で表現した「五十神マンダラ」「五十音マンダラ」を作成・公開している。これによって、『古事記』の創世神話の世界を体感的に把握することが可能になったといえよう。

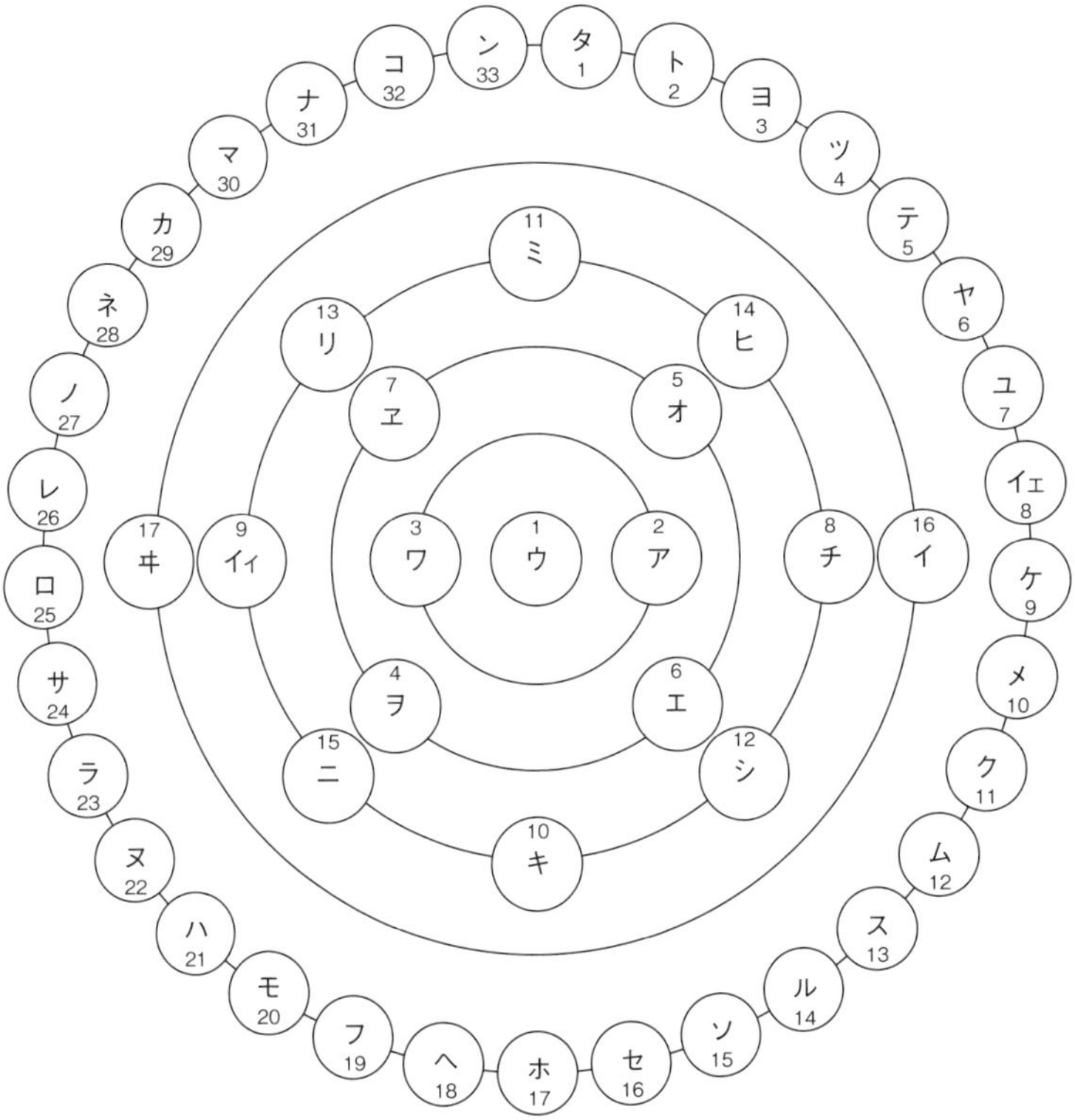

五十音マンダラ

内5環17音

1. ウ、2. ア、3. ワ、4. ヲ、5. オ、6. エ、7. ヱ、8. チ、9. イィ(Yi)、10. キ、11. ミ、12. シ、13. リ、14. ヒ、15. ニ、16. イ、17. ヰ

外環33音

18. タ、19. ト、20. ヨ、21. ツ、22. テ、23. ヤ、24. ユ、25. イェ(Ye)、26. ケ、27. メ、28. ク、29. ム、30. ス、31. ル、32. ソ、33. セ、34. ホ、35. ヘ、36. フ、37. モ、38. ハ、39. ヌ、40. ラ、41. サ、42. ロ、43. レ、44. ノ、45. ネ、46. カ、47. マ、48. ナ、49. コ、50. ン

◉——今・ここで天地は創造されている

『古事記』と五十音の持つ緻密な体系性、すなわち階層性と統合性には、誰しも息を飲むほどの美を見出すはずだ。だがそれと同時に、このような創世神話を知ることに何の意味があるのかといぶかしく思う向きもあるだろう。

これについて、小笠原孝次氏の『言霊百神』は、『古事記』に描かれた宇宙創造は遠い過去に起きたものではないと説明する。

それは歴史的考古学的に遡《さかのぼ》った歴史以前の未開時代に有るわけではない。生物学的に原形質、アミノ酸の発生の期に有るわけではない。天文学的に星雲の回転の出発点に有るわけでもない。宗教的に要求された神と云う意志的存在が遠い昔に創造を開始したわけのものでもない。

宇宙の始まりは常に今、此処《ここ》 now here に存する。これを中今《なかいま》（続日本紀）と云う。今と云う刹那の時点、此処という空間の質点に、意識としての、自覚としての人間の生活と云わず、文明と云わずあらゆる営みの出発点がある。

つまり、今この瞬間である「中今《なかいま》」において宇宙は絶えず創造され、「中今《なかいま》」においてその創造の源《みなもと》へ帰還するというのが言霊学における『古事記』の理解である。そして、これは現代の量子力学の考え方にもつながってくる。

量子力学では、「無」では、常に電子と陽電子の対生成《ついせいせい》や対消滅《ついしょうめつ》が起きていると説かれるが、これは「中今」における創造並びに創造の源への帰還と相似《そうじ》の現象だといえるだろう。

そこで生じる電子や陽電子は対消滅によって瞬時に消滅してしまうが、「対称性の自発的な破れ」が起こることで消滅を免れたものが質量を持つことになり、物質として産み落とされる。その「対称性の自発的な破れ」とは、『古事記』の創世神話と五十音の構成における対称性の破れと同様のものと考えていいだろう。

ここで、量子力学の理論と神話の構造とをそのまま関連づけることに疑問を呈する人がいるかもしれない。

だが、宇宙の構造がミクロの原子からマクロの太陽系、銀河系を貫いて相似性を持つ事実を考えるなら、『古事記』と五十音には、無から有を生み出す仕組みが組み込まれていると考えても決して間違いではない。それは森羅万象どんな物事にも適用可能なはずだ。

人の意識はこの「中今」において、思考や感情の創造と消滅を目撃し、天地自然はこの「中今」において生命の誕生と死を包容している。その構造を言霊として意図的に活用するなら、天地自然と感応して祈りを叶えることも可能であろう。

そう、無の世界からわれわれは日々創造され、無の世界へと消滅している。そして、言霊百神はどこか遠くに存在するのではなく、まさに今この瞬間に、われわれの内に生き生きと働いているのである。

『古事記』そして五十音に通じることは、その創造と消滅のプロセスへ意識的に参入することにつながるのだ。

この点について七沢氏は次のようにコメントする。

「ある神道系の新興教派に、五十音を唱えることがそのまま祓《はら》いになるという教えがあります。言霊学を参考にしたのでしょうが、考え方としては間違っていません。五十音図には布斗麻爾《ふとまに》、天津太祝詞《あまつふとのりと》、天津金木《あまつかなぎ》、天津菅麻《あまつすがそ》、宝《たから》音図、赤珠《あかたま》音図など複数の配列がありますが、いずれも意味ある階層性と統合性に基づいて言葉を整理したものですから、それを唱えるだけでも祓いとなるのです。

私が実践してきた伯家《はっけ》神道の行において奏上する『身禊祓《みそぎはらい》』（２５４ページ参照）では、『古事記』に説かれた百神のうち八十七番目の八十狂津日神《やそまがつひのかみ》から九十七番目の上筒男《うわつつをの》命《みこと》の名前を順に唱えますが、これらは言葉を整理する神ですから、その神名を口にするだけでもやはり祓いとなります。階層を分けて整理することはそれだけで祓いとなるからです。

なお、百神最後の三貴神——天照大御神《あまてらすおおみかみ》、月読神《つきよみのかみ》、須佐之男神《すさのをのかみ》は、造化三神である天《あめ》之御中主神《のみなかぬしのかみ》、高御産巣日神《たかみむすびのかみ》、神産巣日神《かみむすびのかみ》と鏡像のような対照関係にあります。つまり、天照大御神《あまてらすおおみかみ》は天之御中主神《あめのみなかぬしのかみ》を迎え、月読神《つきよみのかみ》は文字に転写されたそのエネルギーを読み取り、それをさらに実践へ移すのが須佐之男神《すさのをのかみ》ということになるのです」

階層を分けて整理することはそれだけで祓いとなる——この概念は、個人の悩みから社会全体の問題に至るまで、あらゆる苦悩や苦痛を解消しようとするときに大きなヒントになるはずだ。

◉―五階層は神をつかむための階段

五十音の母音と対応する五つの階層は神をつかむための階段のようなものである、と七沢氏は言う。

ここでいう神とは人格を持った存在ではなく、森羅万象の働きであり、またわれわれの心の働きのことだ。古代の日本人はそれらの働きに精緻な体系性を見出し、それを神として定義した上で『古事記』や五十音の階層構造の中に組み込んだのである。

もっとも、森羅万象を五階層で説明するやり方自体は決して珍しいものではない。仏教の五蘊《ごうん》（色蘊《しきうん》・受蘊《じゅうん》・想蘊《そううん》・行蘊《ぎょううん》・識蘊《しきうん》）や五大（地・水・火・風・空）、それから中国の五行（木・火・土・金・水）は日本人になじみの深いものであるし、ほかにバラモン教やイスラム教などにも同様の五階層が存在している。

それら、さまざまな五階層の考え方を踏まえた上で、七沢氏は『古事記』に始まる神道の世界観を次のように整理した。

最初の階層は「体界」であり、ここには五官（味・聴・視・嗅・触）と五臓（心臓・肝

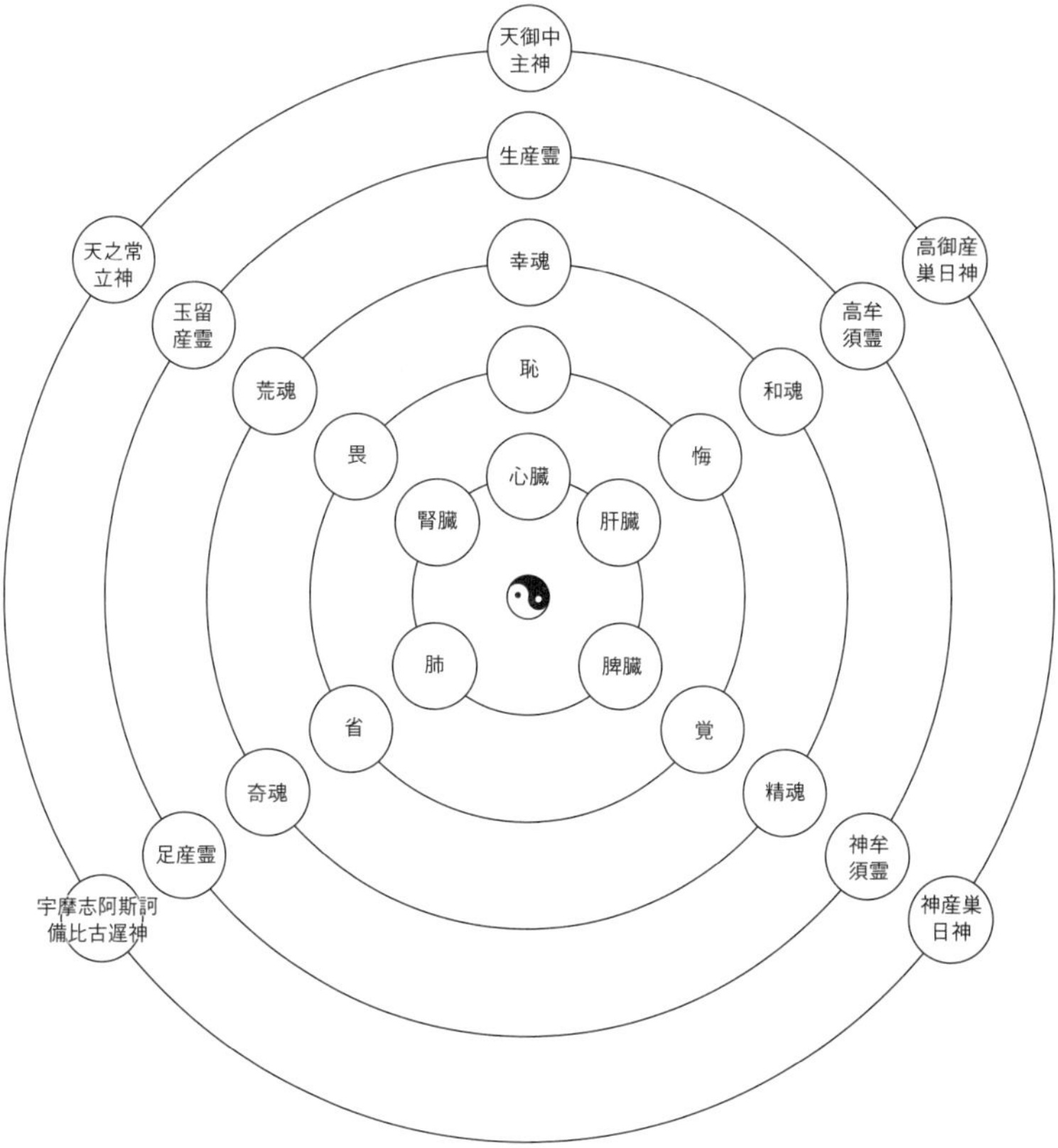

古代日本哲学五階層マンダラ

臓・脾臓《ひぞう》・肺臓・腎臓）が含まれる。

次は「心界」であり、ここには五情（恥・悔・覚・省・畏）が、その次の「魂界」には五魂（荒魂《あらみたま》・和魂《にきみたま》・幸魂《さきみたま》・奇魂《くしみたま》・精魂《くわしみたま》）が含まれる。

そして、最後の二つの階層は、五霊（生産霊《いくむすび》・高牟須霊《たかみむすび》、神牟須霊《かみむすび》・足産霊《たるむすび》・玉留産霊《たまつめむすび》）を含む「霊界」、五神（天之御中主神《あめのみなかぬしのかみ》・高御産巣日神《たかみむすびのかみ》・神産巣日神《かみむすびのかみ》・宇摩志阿斯訶備《うましあしかび》比古遅神《ひこぢのかみ》・天之常立神《あめのとこたちのかみ》——古事記冒頭の別天神《ことあまつかみ》）を含む「神界」となる。

これについては表（１０３ページ）を見ていただいた方が分かりやすい。

魂や霊という言葉にどうしても抵抗感を持ってしまう人は、「体界」を生命エネルギーの世界として、「心界」を情動エネルギーの世界として、「魂界《こんかい》」を精神エネルギーの世界として、「霊界」を結合エネルギーの世界として、「神界《しんかい》」を意志エネルギーの世界として捉えてみてはどうだろうか。

◉──すべてを階層化・統合化するパラダイムとは

さらに七沢賢治氏は、言霊学に見られる五階層の考え方を発展させた九階層の考え方も提唱している。これは母音と半母音とを、「ウ」を共有する形で統合させたものだ。

「これまでの言霊学において、母音アイウエオと半母音ワヰウヱヲとして別々になっていたものを、私が独自に統合して九つにしました。これによって、ギリシャ哲学の四大、仏教の五大、中国の五行や八卦《はっか》といった階層論をうまく統合することができました。また、地球物理学ともかなりのところまで整合性を持つことになりました。

つまり、地球の中心には火があり、その外側には金属の層が。さらに外側には土があり海があり、陸地には木が生えている。さらに地表には風が吹き、空がある。この場合、両端の天と地は概念的な要素として考えます。これが九階層の地・火・金・土・水・木・風・空・天にそれぞれ対応するわけです」

「ウ」を中心として上方へ向けて母音が展開し、下方へ向けて半母音が展開するこの構造は、伊勢神宮の真の御神体といわれる「心《しん》の御柱《みはしら》」の構造と同じものだ。

「心の御柱」とは正宮《しょうぐう》中央に建てられた柱のことだが、梁《はり》に接していないため柱としては何の役にも立たない。つまり、ただ地面に突き刺さっているだけである。

これを、地面から突き出した部分を母音に対応するものとして、地面に埋まっている部分を半母音に対応するものとして考えてみよう。すると、これは「イ」と「ヰ」をつなぐ「イの道＝生命」を表すものであると見なされるだろう。

九階層の世界観について、七沢氏はさらに言葉をつなぐ。

「今のこの時代に何か新しいことをやるには、それに見合った新しいパラダイムを提案しないといけない。それが九階層です。そして、それを体感的に実践できるのが、言霊と伯家神道です。これらによって九階層の世界観を体感し、どの階層からも物事にアプローチできるようにならないと、それは新しいパラダイムにはなりえないでしょう。それはまた、南部陽一郎先生の理論をはじめとする最先端の量子力学の考え方にも合致するものだといえます」

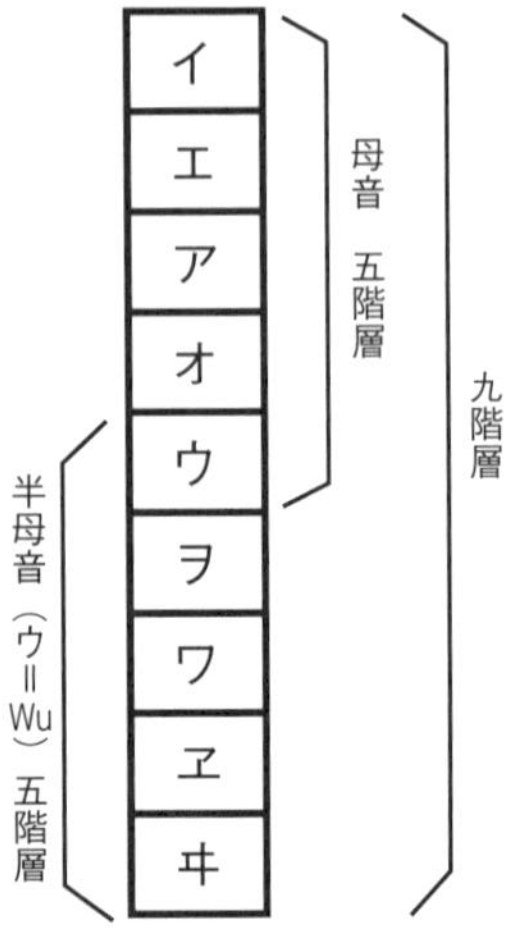

七沢氏によると、五階層は物事を階層化するときの枠組みであり、九階層はある種の宇宙観・世界観であるという。母音と半母音が統合されて九階層になるように、五階層は九階層に包含されると考えてもいいだろう。

また、三位一体《さんみいったい》論に見られるような「三」で捉える考え方に関しては、それを三つの位《い》相《そう》として考えればよく、『古事記』における造化三神や、「ウ」が母音と半母音という二つの方向に分かれたこと、父韻・母音・子音という五十音を構成する三要素にそれが表れているという。

さて、緻密に構成された階層性と統合性が組み込まれた五十音が、ある種のパラダイムとなりうることはこれまでのところで証明された。では、それは具体的にどのような形でこの世界に貢献しうるのだろうか？

「政治問題にしても経済問題にしても、どの階層から物を言っているのかを明確にしないまま議論を進めてしまっているために、結局のところは力の強い者が勝つというパワーゲームに陥ってしまっています。これは民族紛争や宗教戦争の問題に関しても同じことです。このようなパターンを回避するには、物事を階層化した上で統合化する視点が必要でしょう。そして、そのパラダイムとなりうるのが、言霊学における五階層や九階層の考え方なのです」

理学博士の東晃史《ひがしあきふみ》氏も『知の本質』（三五館）の中で、西洋科学の発展には東洋の階層の視点と統合のベクトルを持つことが必要であると述べている。そして、階層構造の捉え方は、西洋流の「ミクロの量子論」を「マクロの量子論」に発展させることだとし、東洋哲学を科学に導入する必要性を説いている。

その意味でも、混迷する現代社会は、言霊学の提示する古くて新しいパラダイムを真摯《しんし》に受け止めていくべきではないだろうか。

［第2章］

伯家神道が明かす神道の深層

◉——皇室祭祀を司った白川伯王家

七沢賢治氏の研究における もう一つの軸である伯家《はっけ》神道について、まずその歴史を簡単にご紹介しておこう。

伯家神道は別名白川《しらかわ》神道と呼ばれ、そのルーツは日本語と同様に1万年以上前にまでさかのぼることができる。ただし、伯家神道として一つの形を成したのは、第六十五代花山《かざん》天皇の皇孫《こうそん》にあたる延信王《のぶさねおう》が万寿2年（1025年）に源姓（花山源氏）を賜《たまわ》って臣籍降《しんせきこう》下《か》し、その後、宮中祭祀を司る神祇官《じんぎかん》の長である神祇伯《はく》に任ぜられたことに始まる。

神祇官とは皇室・朝廷の祭祀の秘儀《ひぎ》を伝承する役職であり、宮中において神鏡《しんきょう》を奉安《ほうあん》する内侍所《ないしどころ》、および天皇を守護する八神を祀る神祇官八神殿《はっしんでん》に仕え、神拝《しんぱい》の作法などを天皇や皇太子、摂関《せっかん》家などへ伝授するという重大な役目を負っていた。

この神祇官制度の発祥時期は不明だが、飛鳥時代後期にはすでにその記述が見られる。

当初は忌部《いんべ》氏や大中臣《おおなかとみ》氏、橘《たちばな》氏など有力な氏族が神祇官の要職を占めていたが、先述の延《のぶ》信王《さねおう》が神祇官に就任してからは、その子孫が代々神祇伯となり、白川伯王家を名乗るようになった。

臣下の身でありながら皇族の尊称である王号を名乗ることが許されたということの事実が、その地位の高さを物語るだろう。形式上の位階《いかい》はそう高くはなかったが、実質的には行政を司る太政官《だいじょうかん》よりも上位の立場にあったといわれている。

その後、白川伯王家の家系は三分し、神祇伯の職を数年ごとに交代していたが、やがて伯職に就く家系は一つに統一された。

七沢氏は、白川伯王家の家系継承《けいしょう》についてこう説明する。

「白川伯王家は世襲《せしゅう》でしたが、その伯家神道の継承には生来の能力が必要でしたので、後継者が絶えそうなときには養子を迎えて血を絶やさないようにしていました。つまり、白川伯王家とは家系であると同時に、それ自体が一つの役職のようなものであったのです」

日本の神道において絶大な威光を放つ白川伯王家であったが、中世における吉田兼倶《かねとも》という人物の登場がその地位を危うくさせる。もともと吉田氏は卜部《うらべ》氏を名乗る神祇官に仕えた家系であったが、兼倶は密教や道教、陰陽道《おんみょうどう》などの影響を受けた独自の神道を提唱し、同時に朝廷や幕府に取り入って全国の神社や神職《しんしょく》へ位階を授ける権限を獲得。神祇管領長上《かんれいちょうじょう》の肩書きを得て白川伯王家に対抗した。

それに応じる形で白川伯王家二十三代当主の雅光王《まさみつおう》は、江戸時代中期に伯家神道の首席教師である「学頭《がくとう》」という位を創設し、このころから伯家神道が一般にも説かれることになる。また、吉田神道と対抗する目的もあり、土御門《つちみかど》神道や垂加《すいか》神道などといった他流とも交流を深めていった。

「伯家神道は別名白川神道とも呼ばれますが、もともと白川伯王家がそう自称していたわけではなく、単に『おみち』と呼ばれていただけでした。いわゆる伯家神道は宮中祭祀としてのみ行われていたので宣教の必要はなく、教義などを記す必要もなかったのです」

七沢氏によると、朝廷への報告書などがいくつか残されているものの、それは教義を記したものというよりは、祭祀の概要などを説明する報告書に近いものだという。

その後、伯王家の秘伝としての伯家神道は一部の神社へ伝わり、また次第に尊王《そんのう》論者の間でも注目されるようになった。1816年には、第二十八代当主の資延王《すけのぶおう》が学則を制定して門人の基準を明示し、伯家神道の教化的基礎が確立。著名な国学者の平田篤胤《あつたね》を伯家の学頭に起用したり、後の明治維新の原動力となった水戸学派と連携したりしながら、伯家神道は時代の激動の渦《うず》へと飲み込まれていく。

◉――伯家神道の絶大な影響力

幕末、白川伯王家最後の学頭である高濱清七郎《たかはませいしちろう》は孝明《こうめい》天皇の勅命を受け、明治維新前夜の京都を離れた。そのころには白川伯王家は権威の象徴としての存在でしかなく、伯家神道の伝統を実際に継承していたのは学頭であったため、激動の時代において伯家神道の命脈を守ることを目的として京都を離れて身を隠すことを孝明天皇は命じたのだ。これが、１８６６年の秋のことだったといわれる。

なお、白川伯王家は明治時代に入ると王号を称することを禁じられ、当主の白川資訓《すけくに》は子爵《ししゃく》に叙せられることになった。その後を継いだ資長《すけなが》には実子がなかったため養子を迎えたが、後にその養子縁組は解消されたため、白川家の血筋はここで途絶えてしまう。

さて、四国や九州の山里《やまざと》で身を隠して幕末の動乱を逃れた高濱は、明治に入ってから有志を募って白川の行法の継承を行う「造化参神神傳教會」を創る（256〜257ページに発行物を掲載した）。それにより宮中祭祀としての伯家神道は広く一般へその門戸《もんこ》を開くことになった。

「高濱清七郎先生は東京・芝の御田八幡《みたはちまん》神社でも行を教えており、その伝授を受けた人々の子孫やゆかりの方々で作る『高濱神徳会《しんとくかい》』というものがありました。神社には高濱先生の教えが記録されたものなどが残っており、もう30年ぐらい前になりますが、その写真を撮らせていただいたことがあります。また、そのときに高濱先生の教えを受けた高齢の人物にもお話を伺いました」

御田八幡神社に残されていた資料から復刻された高濱清七郎の著書に『沙庭《さにわ》』という歌集がある。高濱は一般の門人に対しては歌を通して教えることが多く、また伝授される行も、残された資料によると教導的なものであったようだ。

一方、そのような一般向けの教えとは別に、伯家神道の奥義《おうぎ》は高濱清七郎の娘婿《むこ》となった宮内忠正《ただまさ》が「和学教授所」を創設、その娘である中村新子《しんこ》へ引き継がれた。その中村新子は伯家神道を継承する門人を数多く育てた。

「そのような経緯を経て伯家神道は民間に知られることになりましたが、一方で皇室とのつながりはなくなりました。明治時代に入って明治天皇から太政《だじょう》大臣の三条実美《さねとみ》に『高濱清七郎を宮中へ呼ぶように』と指示があったようですが、三条実美は高濱先生が亡くなったことにしてそれに応じなかったそうです。

なお、明治初期の廃仏毀釈《はいぶつきしゃく》の流れの中、伯家神道に基づいて全国の神社を再編しようという試みもあったそうです。その一つが、造化三神と天照大御神《あまてらすおおみかみ》を祀る神社を全国に造るという計画でした。しかし、高濱先生がいないからそれはできないということになったようです」

高濱清七郎を宮中へ招聘《しょうへい》しなかった理由は分からない。だが、廃仏毀釈の流れが国家神道へつながり、さらに国家神道が後の大戦における戦意高揚《こうよう》につながったことを考えると、おのずと察せられるだろう。

伯家神道は、幕末から明治時代にかけて勃興《ぼっこう》した教派《きょうは》神道（神道系新宗教）各派にも絶大な影響を及ぼしており、たとえば幕末には、後の禊教《みそぎきょう》の教祖である井上正鐵《まさかね》や金光教《こんこうきょう》の教祖となった川手文治郎《かわてぶんじろう》らが入門している。また、高濱清七郎と交流が深く伯家神道の影響を色濃く受けていた本田親徳《ちかあつ》の説く行法が、大本教《おおもときょう》の教祖として絶大なカリスマ性を発揮した出口王仁三郎《でぐちおにさぶろう》の霊性の覚醒に一役買ったこともよく知られている。

◉──七沢賢治氏と伯家神道の出会い

では七沢氏はどのようにして、この伯家神道にかかわることとなったのか？　その最初の出会いは40年以上前にさかのぼる。

当時、宗教学専攻の学生だった七沢氏は、『小説すめらみこと』（森佐平著）という本を通じて伯家神道の存在を知り、強い興味を持つ。その登場人物には仮名が使われていたが、史実に沿った内容であり、高濱清七郎の孫にあたる中村新子についても書かれていた。

その後、七沢氏が、神社本庁の岡田米夫《よねお》氏が伯家神道の顧問となっていたことを知って連絡をとってみたところ、八日市（現・東近江市）の安見《やすみ》晴子氏が行法を受け継いでいることを教えられる。彼女は若いときに、高濱清七郎の曾孫《ひまご》であり叔母である中村新子の養女となり、神職を務める安見家へ嫁いだ人物だ。

そこで、七沢氏は第1章にも登場した友人の能澤壽彦氏と共に八日市の安見家を訪ねる。そこは小さな神社であり、彼らは安見氏に伯家神道の行法を学びたい旨を伝え、以降、年に一、二度ほど安見家を訪ねてあいさつをすることが続いたという。

安見氏も少しずつ二人の真剣な姿勢を理解するようになったが、脳梗塞《こうそく》を患っていて、自分はもう行法を教えられないので、弟である高濱浩氏のところへ行くように推薦したという。

当時、高濱浩氏は京都の老舗《しにせ》デパートに勤務していたので、七沢氏らは京都に出向き、行法を学びたいと願い出ることになった。結果、高濱氏は二人の真摯な姿勢を理解して、定年退職後に行法を授けることを約束する。

その待ちに待った日は１９８２年４月18日のこと。高濱浩氏は甲府の七沢氏の自宅を訪れる。あらかじめ近くの産土社《うぶすなしゃ》に参拝し、七沢宅の八畳の和室にしめ縄を張り、神殿を設けた。そして、伯家神道の行法の伝授が開始されたのである。

それから7年間、高濱氏は甲府の七沢邸に毎月来訪し、４、５日間の滞在中に七沢氏らに行を授け、１９８９年、昭和の最後の日も高濱氏は甲府で迎えることになった。昭和天皇の崩御《ほうぎょ》の知らせに高濱氏は大きな衝撃を受け、それから8月までは毎月甲府に通っていたが、８月の終わりになって体調を崩してしまう。

このとき、七沢氏は京都に招かれて高濱氏の自宅に泊めてもらい、そこで伯家神道に関

甲府の七沢邸で行われた「おみち」の修行の場で。左から高濱浩、七沢久子、七沢賢治、能澤壽彦の各氏。抱っこされているのは七沢夫妻の次女・真樹子さん。

高濱浩氏と七沢氏、山梨県一宮の桃畑にて。

するさまざまな文書を初めて見せてもらう。そして、高濱氏は七沢氏にこう告げた。「あなたに、三種《さんしゅ》を伝授します」

後に説明するが、三種とは伯家神道の中核にある「十種神宝御法《とくさのかんだからのごほう》」の最奥義に位置づけられる位階である。その上に一種と二種が存在しているが、それは天皇だけが知ることのできる秘儀であるため、天皇以外の者が知ることのできる伯家神道の最終段階はまさしくこの「三種」である。

ところが、残念なことに高濱氏の体調が回復することはなく、そのまま翌月の10月５日に帰幽《きゆう》されてしまい、七沢氏はしばらくの間、途方に暮れてしまう。

「高濱先生はまさに人格的な天才でした。振り返れば、私もずいぶんと失礼なことをしたはずですが、そんな非礼などまったく意に介さず、いつもニコニコ笑っている方でした。もちろん人の悪口など絶対に言いません。どのような教育を受ければあのような存在になれるのかと不思議に思うほどでした。静かに笑って、陰で自分がぜんぶ咎《とが》を負っているようなそんな先生だったのです」

七沢氏はそのように当時を述懐する。

さて、高濱氏が他界したために、ほかに三種を伝授できる人物は一人しか残っていない状況となった。滋賀県大津市にある長等神社の新宮幸勝宮司という人物である。

そのとき、宮司はすでに90歳近い高齢であったが、高濱浩氏の妻・享子《きょうこ》氏が浩氏の遺言を実現すべく、新宮氏に伝授を依頼。後に長等神社で七沢氏は「三種」の伝授を受けることになった。

それからほどなくして新宮宮司もこの世を去ったというから、そのタイミングを逃したなら真正の伯家神道はそのまま絶えてしまっただろう。しかし、そうはならなかった。幕末の混乱期に、伯家神道の伝統が途絶えぬよう高濱清七郎に京都を離れるよう指示した孝明天皇のその思いは、高濱家の血脈を通して受け継がれ、七沢氏へと伝えられたのだ。

高濱浩氏は七沢氏にこう言い残したという。

「決して宗教団体は作らぬこと。そして、この甲府の地で100年でも200年でも『おみち』（伯家神道）を守ってください。私は死んでからも、向こうからいつもあなたを助けます」

その遺志を継いだ七沢氏は、毎朝自宅の神殿で祓いを行い、縁のあった人に「ご修行」（伯家の行法）を授けている。また、2010年6月には一般の方々にも門戸を開放するため、「一般社団法人白川学館」を設立した（巻末にご案内掲載）。宮中に秘された神道の精髄《せいずい》は甲府の地においてその命脈を保ち続けているのだ。

◉──皇太子が天皇になる修行「祝《はふり》の神事」

伯家神道は宮中で天皇に何をお伝えしていたのか？　それは皇太子が天皇となられるための修行にほかならない。

先代の天皇が崩御した後、皇太子が新たな天皇になられるために大嘗祭《だいじょうさい》の儀式を行うことはよく知られているが、以前にはそのほかに「祝《はふり》の神事」と呼ばれる伯家神道の行法も実施されていた。それによって皇太子は「国の体」となられるため、これは国体修行とも呼ばれる。

「国体」という言葉は戦前には天皇中心の国家体制を意味していたが、本来は天皇が日本という国と一体であることを体感することであり、その国体修行を通して自身の背中に国土や民を背負っている実感を持たれることで、皇太子は天皇としての境地に達せられる。

また、これは同時に皇祖神《こうそしん》である天照大御神《あまてらすおおみかみ》並びに、天津神、国津神を迎える行でもあった。天皇は単なる王ではなく、神と民とをつなぐ存在であることを考えるなら、このような行が行われるのは当然のことだといえよう。

その伯家神道の行法はある意味では「いいとこどり」である。

白川伯王家初代の延信王《のぶさねおう》の時代までに確立していた出雲《いずも》系の神道や物部《もののべ》系の神道などから行のシステムを導入し、また、江戸時代には交流を持っていた垂加神道の行である鳴弦《めいげん》などの手法も取り入れた。そういう意味では純粋にオリジナルの行法というわけではないのだが、逆にいえば、縄文以来の日本神道の精髄を集めて、宮中という隔離された場において純粋培養してきた存在であるともいえよう。

「たとえば、伯家神道には隅切《すみき》り八角形の机を用いた行法があります。これは出雲神道に由来する行でしたが、白川伯王家が天皇の行として取り入れたものです」

ここで思い出してほしいのが第1章冒頭の話だ。

すなわち、ユーラシア大陸の東端に位置する日本が、世界各地で生まれた太古からの文化遺伝子を現代にまで蓄積・継承・保存しており、それは1万年を超えて埋蔵されてきた豊穣な知的・霊的資源である……という話である。

審神神事神傳相承修行法

三種祓傳
　四方八方十六方天地拝拍手之事
身曾貴傳
　天ノ真直井振濯之事
中臣祓傳
　神問志神攘天降之事
一二三祓傳
　八方天地守入之事
十種神寶傳
　布瑠部由良々之事
天逆鉾傳
　草木操返之事
星生傳
　八足机堅上之事
風生傳
　八足机堅返リ事
大気一天掛巻傳
　輪潜リ之事
蟇目鳴弦傳
　鉄石朝嵐溢露朝嵐夕嵐之事
矢通傳
　息之本体之事
於能基呂嶋傳
　搔成之事
釜鳴傳
　供物湯花之事
海原押放傳
　世界離視ル事
千木高傳
　天地合掌事
母子犯傳
　天地道不動事

天地御柱傳
　御柱廻リ之事
太占瓊傳
　一天一眼視ル事
天津祝詞太祝詞傳
　八百万神御手傳之事
国生傳
　八足机之事
月生傳
　八足机上之事
日生傳
　八足机横上之事
岩戸開傳
　心ヲ明ニスル事
幣束裁方傳
　八垂四垂五色金気之事
奉幣傳
　神ニ幣帛差等アル可事
鎮魂傳
　八百万神授魂之事
天誘霧傳
　火炎吐出之事
国誘霧傳
　万物授魂之事
西向不背傳
　世界貫視之事
禁厭傳
　諸願成否之事
上下一和傳
　御代治之事
天降シ傳
　千代楽之事

白川伯家　修行一覧

日本語の五十音は、その「資源」を現代にまで保存したものといえるが、伯家神道もまた別のやり方でそれを現代にまで継承してきている。宮中という特異な場であったからこそ、純粋な形でそれを保存できたのだ。

「アフリカなどに1万年以上前の岩絵《いわえ》が残されていますが、これなどは伯家神道の行の過程とかなりの部分で一致しています。現代人にとって何が描かれているか分からないようなものでも、伯家神道の視点で見ると何が書かれているのか分かるわけです。また、エジプトの霊魂観なども伯家神道の考え方に酷似しています。

さらに、十種神宝御法における三種の拍手は満州のシャーマンが行っているものとよく似ており、四種の拍手は中国古典の易経のもととなった河図《かと》九数図の順序で拍手をします。七種の拍手に関しては日本舞踊にも同様の所作があります」

七沢氏によると、1万年以上のルーツを持つ霊性の文化遺伝子をうまく統合したものが伯家神道の作法であるという。しかも単にミックスしたのではなく、どのような所作《しょさ》がどのような意識体験をもたらすのかを徹底的に実験した上で構築しているため、それを行ずるものは誰もが豊穣《ほうじょう》な知的・霊的資源にアクセスし、それを体感的な叡智として自身のうちに取り込むことが可能になるというのだ。

◉――神をつかみ、神を食べる

伯家神道を理解する上で重要なキーワードといえるのが「体感」である。

七沢賢治氏によると、師である高濱浩氏は伯家神道の行法を始めるとき、手の平を見せ、握る動作をされて「七沢さん、神をこの手でつかみたいですか？」と聞いたという。そして、この行法は「神をつかみ、神を食べる」ことであると伝えたという。さらに、「おみち（伯家神道）は神が修行する」とも。

つまり、伯家神道の行法とは、神人合一《しんじんごういつ》となり、その状態で行われるということだろう。それは高濱清七郎の詠んだ次のような歌にも表れている。

神道は　障子の引手峰の松　火打袋に鶯の声
草も木も　人もなおさら真砂子《まさご》まで　神の社《やしろ》と知る人ぞ神

ここで注釈は無粋《ぶすい》というものだろう。その意味するところは読者各人において熟考し、味わっていただきたい。

さて、その神人合一を「つかみ」「食べる」ように体感することについて、七沢氏は現代の脳科学の知見も交えて次のように説明している。

「『おみち』では、祓詞《はらいことば》を用いることで、視覚・嗅覚・聴覚・触覚・味覚といった五感のいずれにも集中しない状態におき、筋肉を動かしている神経回路へ刺激を与えます。そうすることで宇宙創造の情報との直接的なコミュニケーションが可能になるのです」

ここでいう「宇宙創造の情報」を「神」と言い換えてもいいだろう。そして、筋肉の動きへ働きかけることの意味については、次の事例——事故によって脳の一部を切除した人物の話——が参考になるかもしれない。

その手術後、医師たちは「この患者はまともに歩くことも話すこともできないだろう」と考えたが、事実、しばらくの間は歩くことができなかった。ところが、指を動かすリハビリを続けたところ、その人は普通に歩けるようになり、元の生活を取り戻したのである。

「脳についてのこれまでの考え方では、脳が手足に『動け』と指令を出して手足が動いていると考えられてきました。しかし、このケースから分かるのは、末梢《まっしょう》神経からの刺激によって逆に脳を作る（再生させる）ことができるという事実です。つまり、脳の働きはある種の筋肉運動と見なせるのです」

これは決して突飛《とっぴ》な発想ではない。筋肉の働きが脳と深く関係していることは、脳科学の分野でも研究が進んでおり、すでに医療や教育の場においても筋肉を介した脳へのアプローチ手法がさまざまに試みられているからだ。

さらに七沢氏は説明を続ける。

「そして、『おみち』は神の知識を獲得しようとするときに、最小の力で最大限の効果を得られる手法だといえます。ご修行が進む中で自然に体が揺れてきます。やがて立ったり座ったりという無為《むい》運動も大きなものになっていきます。

神の知識を得るときにはこのように脊髄《せきずい》を揺らすものです。ちょうどユダヤ教徒も、トーラー（モーゼの五書）を暗記するときに体を前後に揺らしながら覚えます。これは、知識を得ようとするときの初期的な動きであり、合図であり、これによって神の智慧が波のように流入してきます。神とは、宇宙におけるあらゆる働きと一つ一つ一体化していくことでつかんでいくものなのです」

七沢氏のいう自然発生的な身体運動は一見すると奇妙な現象である。だが、これは医学的には、不随意《ふずいい》運動に関与する錐体外路《すいたいがいろ》系の神経回路へ働きかけたことで起きる運動として説明可能だ。

この錐体外路系運動を活用したものとして一部で知られているのが、野口晴哉《はるちか》の創案した野口整体における活元《かつげん》運動である。野口は『整体法の基礎』（全生社）の中でこのように書いている。

人間が生きているという面において一番大事なことは、知識以前の問題、技術以前の問題、あるいは自然にある本能といいますか、そういう力、そういう働きの問題でありますｃ それを知識や技術に求めてみても得られないのではないだろうかということに至りまして、体運動の中で無意識に働いてしまう外路系の働き自体を敏感にするにはどうすればよいか、そこで外路系の働きそのものを使って訓練する方法を活元運動と名づけて、五十年ほど前から行ってきたのであります。

ただし、七沢氏によると、伯家神道の行法はこの活元運動とは似て非なるものであるという。

「錐体外路系の神経回路も使う点は同じですが、その手法も体験も異なっています。ご修行は審神者《さにわ》と神代《かみしろ》によって執り行われ、伯家神道独自の拍手を打った後、審神者《さにわ》が祓詞《はらいことば》を奏上し、神代《かみしろ》は外結印《がいけついん》を組んだ状態で瞑目《めいもく》して祓詞の言霊を身に受けます。

しばらくすると、神代《かみしろ》には、『おはたらき』と呼ばれる無為運動が生じますが、シャーマンのように脱魂《だっこん》状態になったり、意識が飛んだりするようなことはありません。また、幻覚や幻聴の類が出てくることもまずありません」

一見すると催眠現象のようにも思えるが、審神者《さにわ》はあくまで祓詞を奏上しているだけであり、催眠誘導を施しているわけではない。無論、特定の体験へ誘導するような暗示もそこには含まれない。

「神代《かみしろ》はあくまで客観的ではっきりした意識を保ったまま、審神者《さにわ》の助けを借りながら神と合一します。

約４億年前、海の生物であるホヤに脳が発生したことが、地球上の生物における脳の歴史の始まりだといわれています。その古代脳はそのまま水や大地や宇宙意識と一つになって働いていたのではないでしょうか。伯家神道のご修行は、その古代脳につながる方法であると私は考えます」

神代《かみしろ》の身にいわゆる霊能力のような現象が起きてきたときには、審神者《さにわ》は行を中止するという。それは、その霊能が主に個人にかかわる主観的能力であるからだ。

七沢氏によると「ご修行」が始まる前は、自己意識があっても、空の状態に持っていくことが要されるのだという。初めのお祓いによって空となって心身ともにリセットされているからであろうか。体験者はみな心身ともに清々《すがすが》しく、かつ神々《こうごう》しく感じられるという。そしてその修行が進むにつれ、神人合一の心境となっていくのである。

◉――政《まつりごと》は「祀りごと」

伯家神道の行法の中心となるのが今述べた神との交信方法であり、これはそのまま国の政《まつりごと》に直結していた。すなわち、伯家の者が審神者《さにわ》となり、神代《かみしろ》である天皇がその導きによって天意《てんい》を伺っていたのである。

古代の国家であれば、それは世界中どこであれ当たり前のことだった。王は自らがシャーマンとなるか、あるいはシャーマンの指示を仰ぎつつ天意に沿った政《まつりごと》を心がけていたのである。そう、政《まつりごと》とは「祀りごと」でもあったのだ。

しかしやがて、宗教の成立と共に王権と祭祀との分離が始まり、近代になると政治と宗教は完全に切り離されてしまう。

そのような政《まつりごと》に関する変遷の中、唯一日本においては約百数十年前まで、神とつながるための太古から変わらぬ祭祀が、王権と密接にかかわりながら連綿と継承されつづけてきた。それは、日本という希有《けう》な国柄を持つ国を形作ってきた、隠れた原動力でもあったはずだ。

伯家神道の行法の原型は『古事記』にも見られる。次の引用に登場する武内《たけのうちの》（建内）宿禰《すくね》は歴史上初の審神者《さにわ》ともいわれる人物だ。

その大后《おほきさき》　息長帯日売命《おきながたらしひめのみこと》は、当時《そのかみ》帰神《かむがかり》したまひき。かれ、天皇《すめらみこと》筑紫《つくし》の訶志比宮《かしひのみや》に坐《いま》して、熊曾国《くまそのくに》を撃《う》たむとしたまひし時、天皇御琴《みこと》を控《ひ》かして、建内宿禰大臣《たけしうちのすくねおほおみ》　沙庭《さには》に居《ゐ》て、神の命《みこと》を請《こ》ひき。

ここに大后帰神《かむがかり》して、言《こと》教へ覚《さと》して詔《の》りたまはく、「西の方《かた》に国あり。金《くがね》銀《しろがね》を本《はじめ》として、目の炎耀《かかや》く種々《くさぐさ》の珍《うづ》の宝、多《さは》にその国にあり。吾《われ》、今その国を帰《よ》せ賜はむ」とのりたまひき。

ここには、仲哀《ちゅうあい》天皇が琴を弾き、神功《じんぐう》皇后（息長帯《おきながたらし》日売命《ひめのみこと》）が神代《かみしろ》、武内宿禰《たけしうちのすくね》が審《さ》神者《にわ》となって神託《しんたく》を求める様子が描かれている。この方法はやがて伯家神道に受け継がれ、幕末まで宮中祭祀として秘匿《ひとく》された。

なお、大化の改新の立役者《たてやくしゃ》である中臣《なかとみの》（藤原）鎌足《かまたり》もまた審神者《さにわ》であった。鎌足は仏教伝来の影響で途絶えかけた神道を再興《さいこう》し、「神祇再興の祖」として末代まで崇《あが》められている。

さて、現代日本は政教分離が常識であるため、このような「政《まつりごと》＝祀りごと」という観点には抵抗感を持つ人も少なくないだろう。だが、このような祭祀が、通常用いられていない脳の高次機能の活用につながるとすればどうか？

この点について七沢氏はこう解説する。

「そのような脳の高次機能は、一般にいわれる『指導霊』『大我《たいが》』『ハイアーセルフ』と同様のものと考えればいいでしょう。脳の高次機能を開発するその行法のルーツは縄文時代の日本、さらには1万年以上前の世界各地にまで求めることができます。そこから始まり、各時代のさまざまな学問や霊的手法を統合しながら洗練されてきたのです」

人間社会の問題とは畢竟《ひっきょう》、個人間や共同体間におけるエゴの問題であり、そのエゴは脳に発している。そうであれば、エゴに左右されない脳の高次機能を目覚めさせ、活用することは、人間社会の諸問題について活路を見出す手段となりうるはずだ。

それはまた、「公《おおやけ》」と「私《わたくし》」という二項対立の問題にもかかわってくる。

中国戦国時代の政治家であり思想家でもある韓非子《かんぴし》は、「公《おおやけ》」と「私《わたくし》」は互いに相いれない逆の姿勢であると考え、それを漢字の成り立ちから説明した。すなわち、「私《わたくし》」という字の原形は「ム」であり、それは三方から物を囲んで私有することを表す。これに対して、「ム」の上に「八」を加えた「公《おおやけ》」は、持ち物を開いて見せる表現となっているという。

この「公《おおやけ》」と「私《わたくし》」ということについて、七沢氏は次のような意見を持っている。

「そもそも日本では、『公《おおやけ》』というのは天皇家のことであり、天皇家は民を祀っていました。そしてその天皇が行う伯家神道の行法とは、『公《おおやけ》』ということを身をもって体感し、知ることなのです。以前はそういう感覚は天皇御一人《ごいちにん》に求められていましたが、今この時代にあってはすべての人に求められる感覚であると思います。

そういう意味で、国家公用の神事を立てるというのが、本来の『おみち』の役割だといえます。個人のためや特定の勢力のために霊能力をつけるといったものではありません。『公《おおやけ》』のために使用するという目的でしか役に立たないものと考えてください」

この「公《おおやけ》」と「私《わたくし》」の問題は、新しい時代のパラダイムを考える上で外すことのできないものであり、また人の意識進化の一つの極点である「悟り」にも深く関係してくるといえよう。

◉——十種神宝御法の真義

脳の高次機能を開発・活用する伯家神道の中核的行法が「十種神宝御法」である。十段階の階梯《かいてい》から成るこの行法について、七沢氏は次のように説明する。

「人の意識を考えるときには、なぜ脳が発達したのかを考える必要があるでしょう。私は、人の脳の発達は、自己と他との意識が分離されていくことに関係すると考えています。この自己と他の意識の等身大の理解が伯家神道で最も重要な哲学です。

人が自分を見つめるとき、他者からの目がないと独善に陥りがちです。伯家神道における一番の宝だといわれる『十種神宝御法』の十種とは、実は意識のありようを言っています。神宝というと呪術的・神秘的に解釈しがちですが、本当は違うのです。十種神宝《とくさのかんだから》とは自身を客観視する方法であると同時に、天地自然をどのように感じているかという分類であり、そこから実践的な叡智が生まれてくるのです」

伯家神道で主に用いられる祓詞は、三種祓《さんしゅのはらい》、身禊祓《みそぎはらい》、一二三祓《ひふみのはらい》、大祓《おおはらい》（中臣祓）の四種類であり、それを奏上する前には独特の拍手が打たれることになる。

戦前の門人であった立命館大学講師の小田垣蘇堂《そどう》氏が昭和17年に著した『元神祇官白川家所用中臣大祓詞』には、その拍手法の一つが紹介されている。


――白川家に於ては修行の始めに当りては、天神地祇《てんじんちぎ》の二手と同時に、遠つ御祖の神を拝せしむる為め更に一手を打つ、是れ他になき所なるべし。

顔の前で天津神（天神）に一拍、胸の前で国津神（地祇）に一拍、そして遠津御祖神《とおつみおやのかみ》に腰の後ろで一拍……という拍手法がここで述べられているが、この短い所作の中にも「十種神宝御法」の精髄が凝縮されており、それはそのまま伯家神道の思想に直結する。

七沢氏は、この拍手法の真義について、まず「神」とは何かというところから順を追って解説する。

「神道における神は基本的には非人格神です。しかし、人格神のような存在もおり、その最たるものが先祖神です。先祖は人格を持つ存在ですから、亡くなったときに形のない存在になったとしても、ある種の人格神として捉えることができます。

先祖神以外には、歴代天皇、乃木希典《のぎまれすけ》や東郷平八郎を軍神《ぐんしん》として祀っているのも、ある種の人格神だといえるでしょう。一見、これらは人を神として拝んでいるように見えますが、亡くなって形をなくしているので、人でありながら人ではない抽象的な存在であるといえます」

七沢氏によると、先祖神は神社に祀られる御幣《ごへい》によっても表されるという。御幣（イラスト参照）は特殊な断ち方をして四垂《よたれ》という折り方をされた紙であり、その四つの部位はそれぞれ、父母、祖父母、曾《そう》祖父母、高《こう》祖父母を表している。その先は高祖父母よりも遠い先祖を表したもので、遠津《とおつ》御《み》祖神《おやのかみ》と呼ばれる。

「御幣は先祖を表すと同時に人形《ひとがた》でもあり、生まれるとき、人は先祖と一体になった命として生まれ、まず十種をもらうのです。これを今風にいえばＤＮＡの継承となるでしょうか。見えない世界が見える人には、子どもが生まれてくるときに御幣の立つ様子が見えるようです」

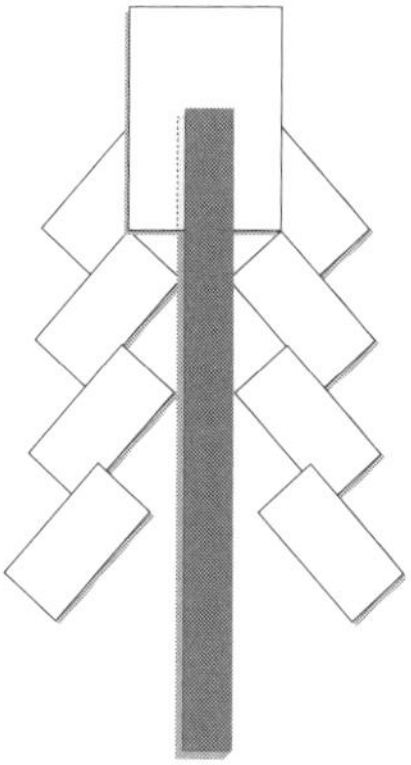
御幣

伯家神道独自の拍手法において、遠津《とおつ》御《み》祖神《おやのかみ》に対して腰の後ろで拍手をすることの理由がここにある。

「前を向いている自分に向けて自ら後ろ手に拍手を打つのは自分自身に礼拝するということです。それは、先祖と一体になった命をいただいた自分自身がそのまま先祖神であるからです。みな同じ人間ですから、誰もが生きた先祖神であり生きた人格神だといえます。まずこの段階で自分自身が神であるという自覚に立たないと、その先の非人格神のことは分かりません。自分自身が先祖と一体になって初めて非人格神の国津神を迎えることができるのですから」

七沢氏によると、「十種神宝御法」の最初の三つの階梯にあたる九種、八種、七種までは、天津神と国津神の昇神、降神を軸として遠津《とおつ》御《み》祖神《おやのかみ》を迎える行法になるという。

ただし、十種とは前出の七沢氏の言にもあるように、生まれること自体を指す。母親の胎内から出て羊水《ようすい》を吐き、最初に吐《つ》いた息をもって十種とするのである。

◉──国津神、天津神とは何か

次いで、七種、六種、五種までは国津神を迎える作法が中心となる。このうち七種に関しては遠津《とおつ》御《み》祖神《おやのかみ》を迎える作法を兼ね、六種は鎮魂、五種に関しては審神者の作法を兼ねている。さらに、四種は神主の作法となる。

ここで国《くに》津《つ》神《かみ》や天《あま》津《つ》神《かみ》といった概念について整理しておこう。

一部の例外を除き、天津神は高天原《たかまのはら》にいる神、あるいは高天原から天降《あまくだ》った神の総称であり、一方の国津神は地に現れた神の総称というのが一般的な定義だ。歴史的な観点からは、皇族や有力氏族の信仰していた神々が天津神とされ、朝廷によって平定された地域で信仰されていた神々が国津神として定義されている。

しかし、神話というものを、その民族の文化・精神性・祭祀などに裏付けられた叡智の結晶であると同時に、階層性と統合性を併せ持つパラダイムの反映されたものとして見たときには、まったく別の捉え方が可能だ。

七沢氏はこう言う。

「私は、この地球の働きを抽象化したものを国津神と考えています。これは中国哲学でいう五行と同じものと言っていいでしょう。土の神は埴安彦神《はにやすひこのかみ》、水の神は罔象女神《みつはのめのかみ》、火の神は迦具土神《かぐづちのかみ》、金属の神は金山彦神《かなやまひこのかみ》……というように、モノそれ自体の背後にある見えない働きを国津神としているのです」

モノそれ自体を「顕《けん》」とするならば、その大本にある見えない働きは「幽《ゆう》」となる。すなわち、土は「顕」としての物質世界においては土であるが、「幽」としての国津神においては埴安彦神《はにやすひこのかみ》となるわけだ。

神拜之傳		神拜之種別
高等神事第九種	○神拜	神体頂戴之拍手
高等神事第八種	○神拜	降神昇神之拍手
高等神事第七種	○神拜	四方天地体
高等神事第六種	○神拜	鎮魂之拍手
高等神事第五種	○神拜	審神者之拍手
高等神事第四種	○神拜	神主之拍手
高等神事第三種	○神拜	鎮霊之拍手
高等神事第二種	○神拜	布瑠部之拍手
高等神事第一種	○神拜	太占之拍手

十種神宝御法の階梯

では天津神とは何か？　七沢氏は「幽」である国津神に対する、さらなる「幽」であると説明する。これはどうやらギリシャ哲学におけるイデア、つまり純然たる概念の世界に近いものであるらしく、「顕」物質世界→「幽」国津神→「幽の幽」天津神というように階層化されているようだ。

「『十種神宝御法』では、まず遠津御《とおつみ》祖神《おやのかみ》と自分自身が一つということを感得《かんとく》した後、遠津御《とおつみ》祖神《おやのかみ》としての自分が国津神を迎えて一体になり、さらにその後、国津神としての自分が天津神を迎えることになります」

なお、天津神を迎えるプロセスの最

終段階では、天照大御神《あまてらすおおみかみ》としての自分が原初に成りませる神である天之御中主神《あめのみなかぬしのかみ》を迎えることになるという。

◉――産霊《むすび》とは何か

「十種神宝御法」の二種、一種は天皇の作法となり、天皇以外の者には九種〜三種が伝授された。現在知ることのできる最終奥義は三〜一種の三種となる。

三種から一種にかけての作法では、それまでの段階を経て天之御中主神《あめのみなかぬしのかみ》まで迎えた天皇が、今度はすべての一之宮《いちのみや》の神を迎える神事を行う。

七沢氏によると、それは政《まつりごと》の性質を帯びたものであるという。

「言霊をもって神事を行い、民を教導《きょうどう》することを目的とした祭祀が三種から先に説かれています。天津神は言霊であり、その力を借りて神事を織りなしていくのです。一種と二種の内容は今でも誰も知らないと思いますが、作法といってもあくまで天皇が政《まつりごと》をするためのものですから、現代的な意味はあまりないでしょう」

ただし、三種以降の階梯の名称からは、『古事記』の創世神話にも通じる世界観が見て取れる。三種は「鎮霊《ちんれい》」、二種は「布瑠部《ふるべ》」、一種は「太占《ふとまに》」となっているが、これはそのまま宇宙創造の三つの位相に対応するようだ。七沢氏は言う。

「太占《ふとまに》は言霊、すなわち創世原理を意味しています。それが振動し、共振が広がっていく。これが布瑠部《ふるべ》です。そして、共振による呼応《こおう》が結合を招いて物質が生まれることを鎮《ちん》霊《れい》と呼んでいます。鎮霊《ちんれい》とは結合のエネルギーであり、神道で産霊《むすび》と呼ばれるものです。この産霊《むすび》がなければ存在はバラバラになって消えてしまうでしょう」

十種神宝御法における天皇の秘儀は、そのまま宇宙創世原理でもあったのだ。

さて、この創世原理をパラダイムとして捉える場合に重要となるのが、産霊《むすび》である。前章で説明した五階層の枠組《わくぐみ》でいえば、産霊《むすび》とは結合の階層であり、またそれは倫理の実践にもかかわってくる。

「知の五階層構造図」によると、生命に関係する知は「感覚知」、情動に関係する知は「経験知」、精神に関係する知は「直感知」と定義付けられており、さらに、結合という概念に関係づけられているのが「実践知」、意志に関係づけられているのが「存在知」と分

概念	主感	主体	知の分類
意志	神理	五神 （天御中主神，高御産巣日神，神産巣日神，宇摩志阿斯訶備比古遅神，天之常立神）	存在知
結合	倫理	五霊 （生産霊，高牟須霊，神牟須霊，足産霊，玉留産霊）	実践知
精神	真理	五魂 （荒魂　和魂，幸魂，奇魂，精魂）	直感知
情動	心理	五情 （恥，悔，覚，省，畏）	経験知
生命	生理	五官 （味，聴，視，嗅，触） 五臓 （心臓，肝臓，脾臓，肺，腎臓）	感覚知

知の五階層構造図

類されている。

知はそれ自体では実を結べないが、それを実践することで人と人が結びつき、新たな物事が生じる……ということを考えると、この「結合―実践知」の階層の重要性が理解できるだろう。

「結合の階層とは、自己と他者を結ぶコミュニケーションの場です。ミクロの細胞でもそのような場があり、細胞間でコミュニケーションしています。細胞どうしはくっついてしまってはいけない。わずかに離れていることで適切に交流できるわけです。それは原子でも同じであるし、人間関係でも同じことです。

すべての人類は同時に共振しながら生きています。四大文明がほぼ同じタイミングで興ったように、マクロの視野で見ると、世界中で同じような出来事が同時並行的に起きています。そしてそれは結合の階層があるがゆえのことなのです」と七沢氏は語る。

◉九階層の持つ祓いの力

五階層を拡張した九階層もまた、伯家神道の行法の体系とかなりの部分で符合するようだ。たとえば、伯家神道で重視される一二三祓《ひふみのはらい》では、「ひ（一）ふ（二）み（三）よ（四）い（五）む（六）な（七）や（八）こ（九）と（十）……」と数を数えていくことがそのまま祓いとなっている。十から先は一桁上がるため、これは一から九までの九階層を示していることが理解できるだろう。

また、七沢氏の提唱する九階層「天・空・風・木・水・土・金・火・地」は、そのまま伯家神道の修法《しゅうほう》神《しん》にも対応するという。

天	天津神《あまつかみ》
空	虚空津比売神《そらつひめのかみ》
風	志那都比古神《しなつひこのかみ》
木	久久能智神《くぐのちのかみ》
水	弥都波能売神《みずはのめのかみ》
土	埴安姫神《はにやすひめのかみ》
金	金山毘古神《かなやまひこのかみ》
火	火迦具土神《ほのかぐづちのかみ》
地	国津神《くにつかみ》

九階層と伯家神道の修法神名

「伯家神道は儀礼や神話を

精密に把握していたので、この九要素の階層について体感的・実感的に理解しています。そして、その理解が歴史上のある段階では王権の原理に応用されました。つまり、天地九界に呼応貫徹してこそ、真の王であると考えられていたのです」

その九階層理論に基づいて考案されたのが、「方位《ほうい》相階層結界《そうかいそうけっかい》」だ。ある種のマンダラのようにも見えるこの図には古来より伝わる十種神宝《とくさのかんだから》を表す記号がバランスよく配置され、内部の四角形が五階層と四階層の計九階層となっている。

この図は九階層の説明であると同時に、これ自体がある種の力を持っており、たとえば金縛りに悩まされていた人の部屋にこれを貼っておくと、ぴたりと金縛りが起きなくなったというような例もある。前章で触れた、階層を分けて整理することはそれだけで祓いとなる――という考え方でいけば、これは当然のことであろう。

「今、大から小まで主体が自在に移りながら、それを自覚できるシステムが人類において形成されてきています。つまり、階層を行き来できるようになってきた。それが新しい時代のパラダイムなのです。これは別に新しい思想ではなく、もともと伯家神道にあった考え方を現代に合わせたものです」

七沢氏の語る未来的なパラダイムは決してそう先のことではないようだ。

十種神寶《とくさのかむだから》

瀛《おき》津《つ》鏡《かがみ》
辺《へ》津《つ》鏡《かがみ》
八握剣《やつかのつるぎ》
生玉《いくたま》
足玉《たるたま》
死返玉《まかるがへしのたま》
道《ち》返玉《がへしのたま》
蛇《をろちの》比《ひ》礼《れ》
蜂《はちの》比《ひ》礼《れ》
品《くさぐさの》物《ものの》比《ひ》礼《れ》

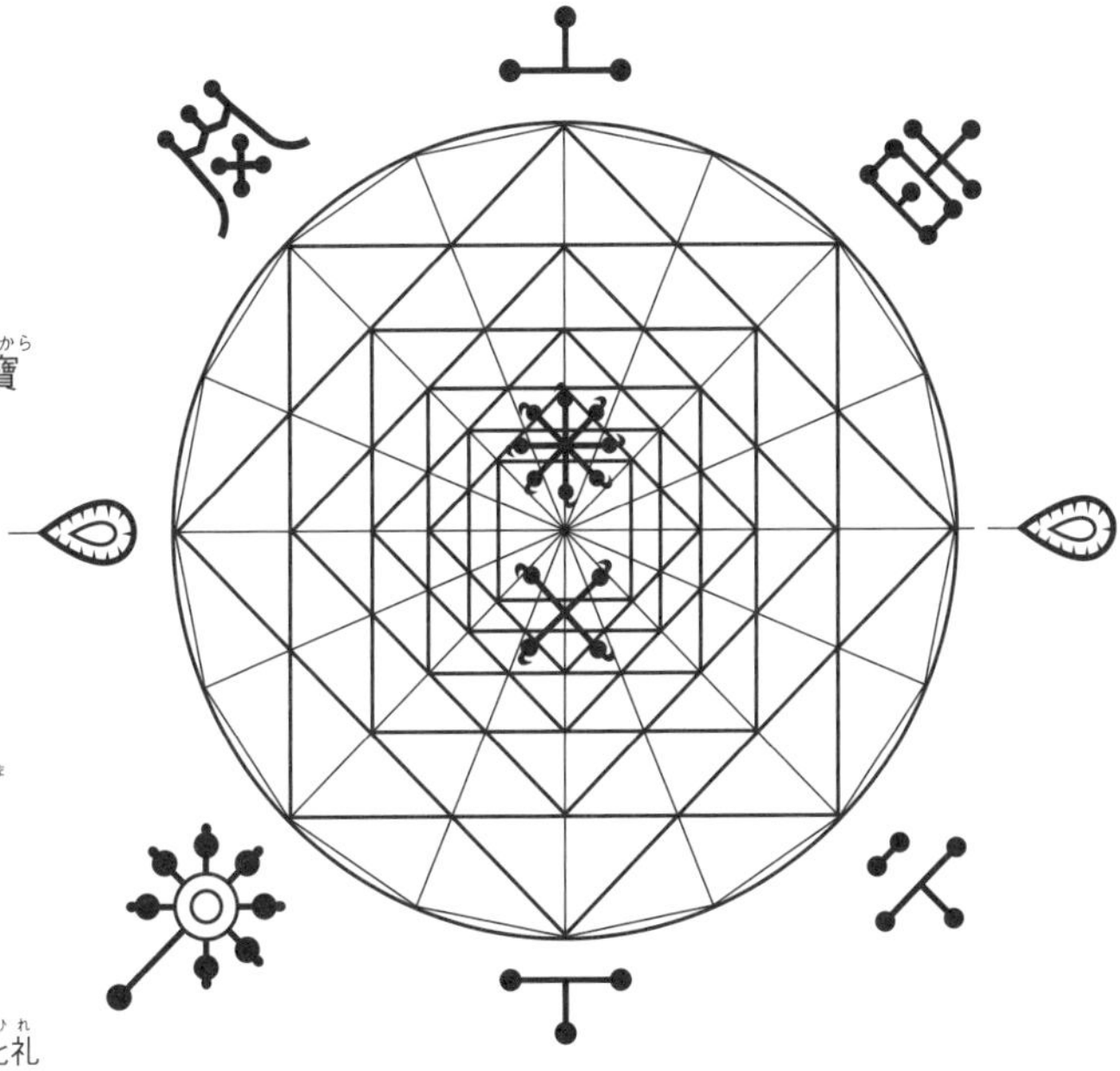

方位相階層結界

◉──五霊五魂を鎮魂する伯家神道の行法

十種神宝御法の六種では鎮魂《ちんこん》というものを行う。伯家神道の人間観・霊魂観について深く知るために、この鎮魂について少し詳しく解説しておこう。

鎮魂という言葉は一般に死者の霊を慰めることだと思われているが、神道における鎮魂は生者の魂を鎮《しず》めることを指している。

一般の神道では、魂にはその新しいものを生み出す側面を表す荒魂《あらみたま》、優しく平和的な側面を表す和魂《にきみたま》、収穫をもたらす働きを表す幸魂《さきみたま》、奇跡のような力をもたらす奇魂《くしみたま》……という四種類があるとされているが、伯家神道はそこに精魂《くわしみたま》が加わって五魂となる。そして、そのそれぞれの働きを調整させることが鎮魂であるとされている。

十種神宝御法・六種鎮魂における拍手では、五魂を鎮魂させ、天地開闢《かいびゃく》と念じ、地に向かって三千《さんぜん》世界に気を配り、大地に向かって神を迎え一拝する。

さてここで、伯家神道独自の概念である精魂《くわしみたま》について、七沢氏の説明が要されよう。

「精魂《くわしみたま》は明治より以前は泥魂《ぬるみたま》とも呼ばれてきました。生命が泥から生まれて泥へ帰るということを考えれば、その重要性は明白です。泥魂は統合する働きであり、昔は統合、統治する働きは天皇だけのものであったから、これを抜いて四魂としたのでしょう。天皇を『スメラミコト』と呼んだのは、その存在が『統《す》べるミコト』であったからです。

おそらく、泥魂は隠されたわけではなく、民に使えなかったから知らされなかったのでしょう。一方、天皇には統合する魂としての泥魂がしっかりと教えられた。つまり、泥（土と水）と一つになるということです。天皇が儀礼として『お田植え』するのはそれを象徴しているのです」

七沢氏によると、泥と一体になるのは国津神と一体になることに等しいという。それによって天皇は国体、すなわち国の体としての自覚に至るという。

さて、一般の神道では四魂の上に直霊《なおひ》があり、合わせて一霊四魂《いちれいしこん》と呼ばれるが、伯家神道では一霊ではなく五霊（生産霊《いくむすび》・高牟須霊《たかみむすび》、神牟須霊《かみむすび》・足産霊《たるむすび》・玉留産霊《たまつめむすび》）となっており、五霊五魂という五階層による霊魂観が確立している。そこで、伯家神道でいう鎮魂とは、その五霊五魂の調整を指すことになる。

七沢氏によると、五霊は、より大きな枠組の五階層における結合の階層に位置づけられており、自然界に働く四つの力（弱い力、強い力、電磁気力、重力）、並びにその背後にあると考えられる万象生成のエネルギーとしての「創造意志力」にそれぞれ対応するという。

「物質を物質たらしめているこれらの結合エネルギーが、神道で産霊《むすび》と呼ばれるものです。ただし、これは科学的な観点から述べているのではありません。あくまで論理的にはそのように表現することが可能であるということに過ぎません。しかし、そこから生まれる仮説に基づいて実験をしてみると、仮説通りの結果が出てくるのです」

と七沢氏は説明する。ここでいう実験については第4章で詳しく説明しよう。

七沢氏によると、エネルギーとしての霊が結合したものが魂であるという。霊それ自体は「結ぶ」だけの働きだけなので、そこに力があることが分からない。分からないから、結合という階層についてほかの哲学や宗教は語ることがなく、『古事記』に代表される古代日本哲学だけが、産霊《むすび》の哲学を持つことになったという。

◉――自らが宇宙の創造主となる

天皇の祭祀としての伯家神道を、現代の一般人が行ずることの意義はどこにあるのか？七沢氏はこう言う。

「十種神宝御法の初期段階で遠津御祖神《とおつみおやのかみ》と一体になることで、伝統的な先祖崇拝を、現代科学におけるＤＮＡの知見とのつながりにおいて理解できるようになります。また、国津神を迎えることは、環境と人間が一致するということですから、それによって自分自身の体のように環境を感じられるようになり、環境破壊を自身の痛みとして捉えることになります。これは古い民族が本来培《つちか》ってきた感覚であり、環境問題の根本的な改善へつながる意識だといえます。

その上で、今度は言葉によって外界と人間存在をコントロールするというテーマが現れます。これが言霊であり天津神の世界です。そこに、哲学の問題、すなわち存在論、矛盾《むじゅん》論、実践論といったことが出てくる。そしてその先にあるのが量子力学であり、宗教における創造論であるといえます」

それはまさに「神を手でつかみ、神を食べる」ことに等しいといえるだろう。そして、そのように人が神となるとき、自らが宇宙の創造主となるのである。

「結局、一人一人が神となるしかない。もともと、そういう存在としてあるのが人間であり、人間とは創造主の仮の宿《やど》りです。だからこそ自分自身で神をつかまないと信仰になってしまう。拝んではいけない。神にすがりつくのではなく、決意表明をして、神の働きの一つとなるためにご加勢《かせい》くださいという姿勢が大事です。ですから、伯家神道には（祈願文としての）祝詞はなく、四つの祓《はらい》があるだけなのです」（※なお、この四つの祓を巻末に掲載）

では、その「ご修行」において神はどのように感得されるのだろうか？

「宇宙創造を行法の中で追体験します。だから『古事記』をまったく読まなくても、その説くところが体感的なものとなるのです。むしろ、時空間の実感をストーリー化して人格神のような形で表現したものが『古事記』の興りであり、伝承法であったと考えた方がいいかもしれません」

創造原理は言霊であり、その言霊を正しく働かせるために、伯家神道の身禊祓《みそぎはらい》では五十音を整理する働きを持つ神の名を羅列していく。そして、それを受けて天照大御神《あまてらすおおみかみ》が現れて五十音の源である天之御中主神《あめのみなかぬしのかみ》を迎え、すべてを原初の無に帰す。

　そのようにリセットされたところで、新たに宇宙創造ができることへの感謝を込めて、数と言霊を一致させた一二三祓《ひふみのはらい》を奏上するのである。これは、そのままで神の言葉であり、創造の源へ戻ることでもある。

「私の根底にある一番の思いは平等感です。それぞれの人が上も下もなく、平等に尊い存在です。これまでにいろいろな思想家が出てきましたが、皆さん平等感を普及することには失敗しています。それを成功させるには一人一人が神をその手でつかみ、体感するしかないでしょう。それを普及させる場面をいろいろな方法で考えるというのが私の仕事です」

　七沢氏がここで言う「いろいろな方法」とは伯家神道の行法にとどまらない。最先端の科学的知見をも融合したその方法に関しては第４章で触れる。

◉――そして悟りの境地へと……

十種神宝御法の行法は、仏教でいう「悟り」の境地へとその修行者を導くことにもなる、と七沢氏は言う。

「悟りとは要するに、階層を自在に上がり下がりできるということです。我《われ》から神までの間を上がり下がりする。神である状態は純粋主観であり、そこから離れると客観視に戻される。その落差はかなりのショックですが、それを何度も経験すると我《われ》から神の間にあるさまざまなパターンを知るので迷わなくなります。それがいわゆる悟りというものではないでしょうか。つまり、五階層は悟りのための階梯なのです」

純粋主観とは自己そのものが宇宙であるという意識状態のことだろう。宇宙意識とも呼ばれるこの意識は一見すると、仏教でいう悟りのようにも見える。しかし、これでは物事の片面しか満たしてはいない。

そこへ加えて、純粋主観の状態から通常の意識状態である客観意識に戻り、再び行によって純粋主観へ入り……といったことを繰り返すうちに、階層をつかみ取って、神である自分と人である自分とを統合的に把握することができるのだ。

十種神宝御法の行法では、行を行う部屋が宇宙の縮図となり、そこを「おはたらき」の力で自分がどう動いているのかを意識を失わずに観照《かんしょう》することで、純粋主観と客観視の意識とを統合していくのである。これらはいずれ、白川学館の祝殿《はふり》で学ぶことができるだろう。

次章では、言霊と伯家神道が持つ、現実における創造力と意識の変容力について、量子力学の観点から迫ることにしよう。

［第3章］

言霊・神道と最先端科学の融合

◉——言霊・神道を科学で解き明かせるか？

新しい時代のパラダイムに基づいて、自らを取り巻く現実を創造しようとするとき、『古事記』の多元的理解という考え方がある。世界各地の文化的資源をオリジナルに近い形で蓄積・保存してきた日本語や神道に関しても同じことがいえるだろう。

現在、七沢氏は、次のような理念に基づいて、科学の方向から日本語や神道を理解しようという試みを行っている。

「科学的であるということを考えるとき、たとえ自然科学的に証明が不十分であったとしても、人文・社会科学的な概念に新たな視野が立ち現れればいいのではないでしょうか？それが私のいう現実化ということです。科学では主に左脳《さのう》を使い、宗教では主に右脳《うのう》の働きに傾く。そうなってしまうと、まんべんなく左右両方の脳を使ったときに、自己の全存在が感動でどれほど打ち震えるかということを知ることがないのです。その体験は、言葉が自己と結びついたときの喜びだといえるでしょう。

学んだことを役立てられないのは、その学んだこと（概念）が自分の中で改めてトレースされ、体感的な喜びを伴って自己と結びつけられていないからです。だから、体感的に一体化できず、実用的に役立てることもできないのです。

ある意味では、どのような知識であれ幻想のようなものです。ですから、実践的にそれを捉えて、肝心なときに使えればそれでいいと考えています。科学や哲学に対する私のスタンスはそのような感じです。特定の目的や前提条件がある場合に、それに合う形で知識を収集して実利的に自己の哲学と方法論を形成すればいいのです。そして、それはある程度までは恣意《しい》的な解釈で押し切らないとなしえません。

七沢氏はさらに、各自がそれぞれの宇宙論を書くことを提案する。

「近代における個の確立というテーマは『主体の確立』と言い換えられます。私が目指しているのは、その主体を広げていくことであり、心理的あるいは体感的に主体を拡張する、解放するといったことです。それは、自己意識と宇宙意識を等価にすることであり、意識したことが宇宙になるということを意味します。これは、人類に進化と生存の希望を与えるでしょう。

これからは、皆それぞれの宇宙論を自分で書いてみればいいのです。おそらく、今の科学の普遍性を推し進めていくと、一人一人が宇宙の作り手になるところまで意識を広げていくことになります」

言霊は学問であると同時に、それに思いを巡らせること自体が霊的な実践となっていた。それと同様に、科学を踏まえた上で各自が実感を持てる宇宙論を書いてみることは、創造の担い手としての自己が進化することを意味するのかもしれない。

その考えるためのヒントとして本書では、「対称性の自発的な破れと言霊」「量子場脳理論と言霊」「DNAと言霊」という三つのキーワードに関して大胆な仮説を述べていく。

ただし、以下は少し専門的な科学的解説を含むため、苦手な方は読み飛ばして第4章に進んでいただいてもかまわない。

宇宙は「無」から生まれた

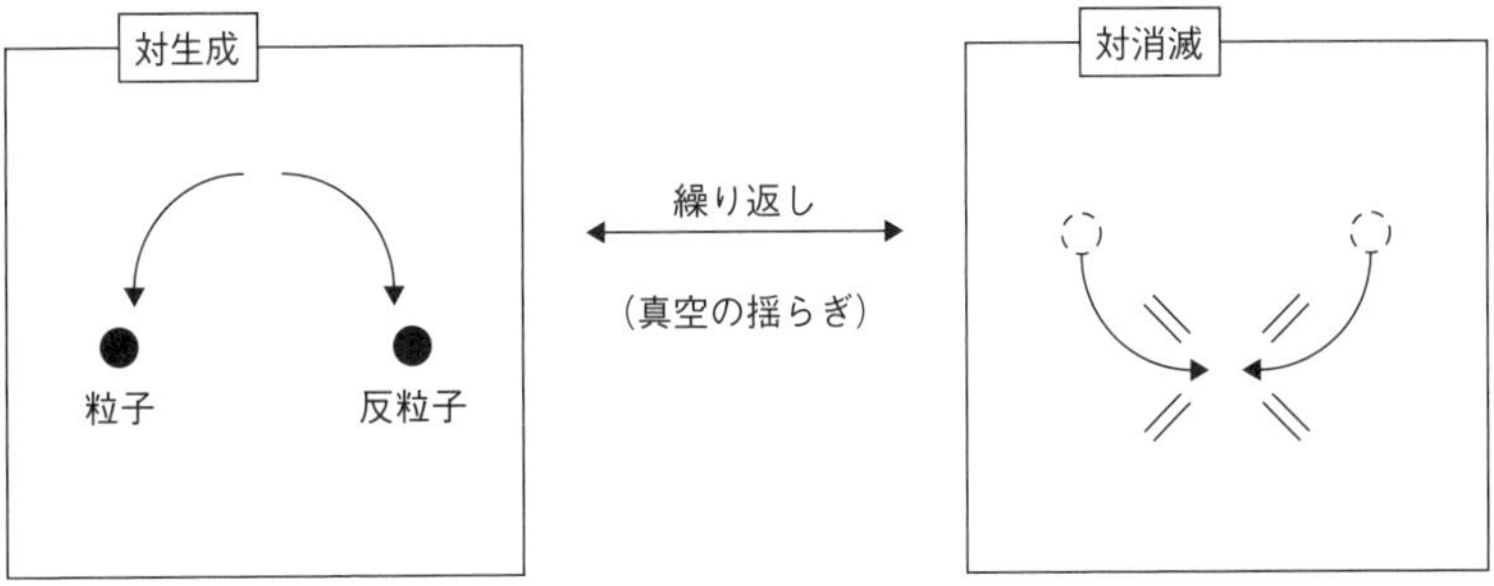

真空中に粒子と反粒子が生まれる

粒子と反粒子はすぐに結合して消滅する

まずは、「対称性の自発的破れと言霊」について、その前提となる真空の性質に関する説明から始める。「真空」とはどんなものなのか。どうやら、私たちが普段イメージする「真空」と、量子論で明らかにされた「真空」とはイメージが異なるようだ。

私たちは、真空は「何もない空間」とイメージしがちであり、「何もない」とはたとえば、エネルギーもゼロであるはずだと確定することを意味する。しかし、これはすべての状態を不確定だと考える量子論に反している。

そもそも量子論では「何もない」という状態を認めていない。哲学的な意味での「無」や「ゼロ」は物理的にはありえないというのだ。あるいは「無は無ではない」ことも量子論が明らかにした真理の一つである。

そこで量子論では、真空は何もない空間ではなく、いたるところで粒子と反粒子が対生成《ついせいせい》すると考えた。しかし、対生成した粒子と反粒子はすぐに結合して消えてしまう。これが対《つい》消滅である。

このように、真空の中で無数の粒子と反粒子が絶えず対生成・対消滅を繰り返している状態を「真空の揺らぎ」と呼ぶ。真空は完全な「無」ではなく、粒子や反粒子が存在する「有」との間を揺らいでいるのである。なお、『フィールド　響き合う生命・意識・宇宙』（リン・マクタガート著、野中浩一訳、河出書房新社）では、この真空のことを「ゼロ・ポイント・フィールド」と記述している。

さらに量子論における「無」の概念――真空の揺らぎと同じように無と有との間を揺らいでいる状態――に基づいて、「宇宙は無から生まれた」というアイディアを述べたのが、ウクライナの物理学者ビレンケンである。

宇宙が無から生まれるとは何とも奇妙に思えるが、もし宇宙が「何か（有）」から生まれたとすれば、「では、宇宙を生んだその『何か』は何から生まれたのか」という疑問が生じることになり、無限に問いが続いてしまう。そこでビレンケンは、「宇宙は何もないところ（無）から生まれた」と考えることで問題を回避した。

一方、量子論に示される世界像と『古事記』の世界像との類似性に注目すると、創世神話の部分で、天之御中主神《あめのみなかぬしのかみ》から高御産巣日神《たかみむすびのかみ》と神産巣日神《かみむすびのかみ》が生じたとする記述が大変興味深い。

七沢氏に言霊学を教えた小笠原孝次氏は、混沌とした宇宙に生まれた意識を天之御中《あめのみなか》主神《ぬしのかみ》「ウ」、宇宙を照らす意識の光を高御産巣日神《たかみむすびのかみ》「ア」、その光によって照らされた客体としての宇宙を神産巣日神《かみむすびのかみ》「ワ」としてそれぞれ定義づけたという。これを、イコールではなく類比（アナロジー）として考えれば、この対生成の関係をそのまま、同じく対生成された粒子と反粒子の関係に置き換えてみることができそうだ。

◉──対称性の自発的な破れと言霊

ところがここで、そのように真空から生じた素粒子が対消滅によってすぐに消えてしまうのでは、物質の創造が起こらないのではないか、という当然の疑問が生じる。

この宇宙が誕生したときにも同じようなプロセスが働いていたと考えられるが、そのような対生成と対消滅を繰り返すばかりでは、とうてい現在のような宇宙の姿にはなりえないのである。

だが、2008年にノーベル物理学賞を受賞したシカゴ大学名誉教授・南部《なんぶ》陽一郎氏の「対称性の自発的な破れ」の理論によって、真空の対称性の自発的な破れが、物質と宇宙の生成に重要な役割を果たしていることが明らかにされた。

ここで、量子論に示される世界像と『古事記』の世界像との類似性に注目してみよう。『古事記』の世界像では、伊邪那岐神《いざなぎのかみ》「イ」と伊邪那美神《いざなみのかみ》「ヰ」の関係に見られるように、兄神と妹神が対称性を持ちながら生じていく。しかし、その対称性はやがて階層的に破れていく構成となっており、その点が「対称性の自発的な破れ」理論とイメージ的に重なる。

「イ」と「ヰ」をつなぐのは「イの道」すなわち生命《いのち》である。しかし、その生命力は、真空において対生成と対消滅を繰り返す素粒子のように、いまだ物質（現象）として顕現せざるエネルギーの揺らぎでしかない。つまり兄神と妹神が対称性を保っているために物質として顕現できないのである。

一方、伊邪那岐神《いざなぎのかみ》、伊邪那美神《いざなみのかみ》より後に生まれた神々に関しては、兄神・妹神という構成になっておらず、対称性が破れており、目に見える現象世界の創造が起こりうるのである。『古事記』には真空が対称性を持つこととあわせて、創造にはその対称性が破れることも必要であると示されている。このことをどう捉えたらよいのか。七沢氏はこう言う。

「神道では、創造・維持・帰趨《きすう》が中今《なかいま》で——つまり瞬間瞬間に——起きているという考え方をします。それを体感するのが言霊の世界であり、言霊学としてある種の哲学となっています。そしてそれは、現在の量子論にとても近い考え方なのです。言霊学の理解と実践、伯家神道のご修行では、それを体感的に実感するということをします」

量子論に示される世界像と言霊学の世界像との類似性に注目すると、神世七代《かみよななよ》までの神々は皆、母音・半母音に対応している。母音は生命力そのものを表すが形を持たないため、物質的な顕現《けんげん》を見ることができない。しかし、そこに父韻《ふいん》が関与すると子音が生まれ、物質宇宙の創造を見ることになる。

すなわち、天之御中主神《あめのみなかぬしのかみ》「ウ」を中心に対称性の保たれた母音・半母音の世界に父韻が破れを生じさせることで、世界は生まれたのである。

そのような「対称性の自発的な破れ」による創造原理を体系化したものが、『古事記』であり、五十音であると思われる。

階層	フィールド／エネルギー	創造意志場	重力場	電磁気場	強い核力場	弱い核力場
1	意志エネルギー	創造意志場の意志エネルギー	重力場の意志エネルギー	電磁気場の意志エネルギー	強い核力場の意志エネルギー	弱い核力場の意志エネルギー
2	結合エネルギー	創造意志場の結合エネルギー	重力場の結合エネルギー	電磁気場の結合エネルギー	強い核力場の結合エネルギー	弱い核力場の結合エネルギー
3	精神エネルギー	創造意志場の精神エネルギー	重力場の精神エネルギー	電磁気場の精神エネルギー	強い核力場の精神エネルギー	弱い核力場の精神エネルギー
4	情動エネルギー	創造意志場の情動エネルギー	重力場の情動エネルギー	電磁気場の情動エネルギー	強い核力場の情動エネルギー	弱い核力場の情動エネルギー
5	生命エネルギー	創造意志場の生命エネルギー	重力場の生命エネルギー	電磁気場の生命エネルギー	強い核力場の生命エネルギー	弱い核力場の生命エネルギー

存在場と五階層エネルギー

◉──想念の正体は何か？

さて、自然界に働く四つの力として、「重力」「電磁気力」「弱い力」「強い力」がある。

七沢氏はこれに「創造意志力」を加えた「存在の五場」を提唱しており、さらにその力の背景には、それぞれに五階層のエネルギー（意志エネルギー・結合エネルギー・精神エネルギー・情動エネルギー・生命エネルギー）があるとしている。

このあたりは七沢氏独自の理論であり、それについては次章にて詳しく述べるとして、ここでは量子論の話を先に進めることにする。

南部陽一郎氏はさらに、対称性の自発的な破れの理論を使って、素粒子が質量を持つ理由を明らかにした。その鍵は、素粒子が生まれたときの宇宙の状態にある。

宇宙は約１３７億年前に超高温の小さな火の玉として生まれた、というのがビッグバン宇宙論である。超高温の初期宇宙は特別な真空状態にあって、ある種の対称性を持っていた。そしてこのとき、すべての素粒子は質量がゼロであり、光の速度で飛び回っていたと考えられている。

しかし、宇宙が膨張して冷えると真空の対称性が破れて真空の性質が変わり、その影響により、アクセル全開で運動していた素粒子にブレーキがかけられる。すると、重いものほど早く動くことが難しくなるので、これは「素粒子が質量を持った」ことを意味する。

イギリスの理論物理学者ヒッグスは南部陽一郎氏のアイディアを発展させて、真空の対称性が破れることで真空はヒッグス粒子という未知の粒子が充満する場になり、素粒子はヒッグス粒子の抵抗を受けて減速されるという理論を唱えた。

そして現在、スイスのジュネーブにあるＣＥＲＮ《セルン》（欧州原子核研究機関）で２００８年に完成した巨大円形加速器「ＬＨＣ（ラージ・ハドロン・コライダー）」を使い、ヒッグス粒子の存在を確認する実験が進行中である。

このヒッグス粒子について、七沢氏はこう語る。

「仮説ですが、いわゆる想念にも近いのが、ヒッグス粒子ではないかと考えています。そして、私は想念というものを、意志、結合、精神、情動、生命と五つの階層に分けており、この階層のどこから生じた想念であるかによって、その力を運ぶ粒子の大きさが決まってくると考えています。

この場合、意志エネルギーの粒子が最も細かく、次に結合エネルギー、精神エネルギー、情動エネルギー、生命エネルギー……と続きます。言霊も同様に、霊《たま》なのか魂《たま》なのかによって、階層と粒子の大きさが異なってくるでしょう。そして、言霊から生じる細かい粒子は人体のＤＮＡに到達することができると考えています」

量子論に示される世界像と伯家神道の世界像との類似性に注目すると、ヒッグス粒子の働きは、伯家神道の十種神宝御法における三種・鎮霊《ちんれい》をも思わせる。

「鎮霊とは結合エネルギーであり、神道で産霊《むすび》と呼ばれるものです。この鎮霊がなければ物質はバラバラになって消えてしまうでしょう」

と七沢氏が言っていたことを思い出していただきたい。

創造の場における原初の陰陽《いんよう》分離は『古事記』において、高御産巣日神《たかみむすびのかみ》、神産巣日神《かみむすびのかみ》と表されていたが、そこに「むすび」の字が含まれていることにも目を向けてほしい。

◉――量子の示す奇妙な振る舞い

ここから「量子場脳理論と言霊」について述べていくが、その理解の前提となるのは、量子の示す奇妙な振る舞いと、そこに意識がどうかかわるかということである。

前章で、「顕」としての物質世界に対して国津神は「幽」にあたり、天津神は「幽の幽」にあたると説明した。しかしながら、「幽の幽」などというと容易にはイメージがつかみにくい。そこで、量子論に示される世界像から「幽の幽」のイメージをつかんでいくことにしよう。

量子論の「量子」という言葉は、quantum（クォンタム）という英語の訳語であり、「小さな塊《かたまり》・単位」という意味である。量子論はミクロの世界の話だ。具体的には、電子などの素粒子と呼ばれる物質は、マクロの世界とはまったく異なった奇妙で常識外れのルールに従っていることが20世紀になって明らかになった。その奇妙なルール（ミクロの物質が持つ奇妙な性質）を統一的に説明する理論こそが量子論なのである。

量子論ではまず、ハイゼンベルクの「不確定性原理」が基本的な考え方として挙げられる。その内容は、「ある物質に関する『位置』と『運動量』を測定するとき、両者を同時にただ一つの値に確定することはできず、避けられない不確かさが残る」というものだ。

つまり、位置を特定しようとすれば、運動量が決まらなくなり、運動量を特定しようとすれば位置が決まらなくなるのである。

ミクロの物質が従っている常識外れなルールはほかにもある。量子論によると、ミクロの物質の未来はただ一つには決まっていないのである。たとえば、ある瞬間に電子がある場所で発見されたとする。その一秒後に私たちがその電子を観察したとき、電子はどこで見つかるだろうか。

電子ではなく野球のボールなら話は簡単だ。止まっているなら位置は変わらず、動いているなら、方向と速度が分かれば一秒後の予測がつく。

しかし、量子論では「A地点で見つかる可能性が60パーセント、B地点で見つかる可能性が30パーセントである」といった形でしか予測ができない。つまり電子の未来はただ一つではなく、複数あることになる。そして、実際に電子が一秒後にどこで見つかるかは、一秒後になってみないと分からないのである。つまり、電子の未来はサイコロを振って出た目に従うように、行き当たりばったりで決まるのだ。

ミクロの物質が従っている常識外れなルールはこれにとどまらない。たとえば、宇宙の果てほどに離れた粒子どうしがエネルギーの交換なしに、宇宙で最も早いはずの光速をも超えて影響を与え合うことも明らかになっている。これは「量子エンタングルメント」と呼ばれる現象であり、フランスのアスペらが１９８０年代初めに行った実験によって証明されている。

さて、量子論における量子の振る舞いで最も奇妙に見えるのが、量子が異なるいくつかの状態の重ね合わせで表現されることだ。

たとえば、ある一つの電子の位置について考えるとき、「Ａ点にいる状態」や「Ｂ点にいる状態」、「Ｄ点にいる状態」などが一つの電子の中で重なっているため、どこか一ヶ所だけにいるとはいえない。しかし、その電子を観測したときには、波の収束という現象が起きて一つの状態に変化するのだという。

このように量子の振る舞いを解釈することは「コペンハーゲン解釈」と呼ばれ、量子論の基本的な考え方の一つとなっている。

フォン・ノイマンは1932年に著した『量子力学の数学的基礎』という本の中で、コペンハーゲン解釈における「波の収縮」は、量子論の数学的枠組では説明できないことを証明した。つまり、量子の振る舞いの中では波の収縮は起きないのである。しかし、私たちは、波の収縮した状態である「1点にいる粒状の電子」を発見する。これはなぜなのか。

それについてフォン・ノイマンは、「波の収縮は人間の意識の中で起こる」と結論づけた。観測者である人間が電子を「観測した」と意識した途端に、波の収縮が起きるのだと考えたのだ。量子の振る舞い上で波が収縮しないなら、それが起こる場所は人間の意識の中にしかないはずだ、というのが彼の主張である。

しかし、この主張は現在ではほぼ否定されている。波の収縮は、もしそれが起きるならば人間の意識の中ではなく、実際の物理現象の過程で発生しているだろうと考えるのが現在の通説である。

しかしながら、フォン・ノイマンが証明した「波の収縮は量子論の数学的枠組では説明できない」ことも確かな事実だ。そこで必然的に、「波は収縮せずに広がったままではな

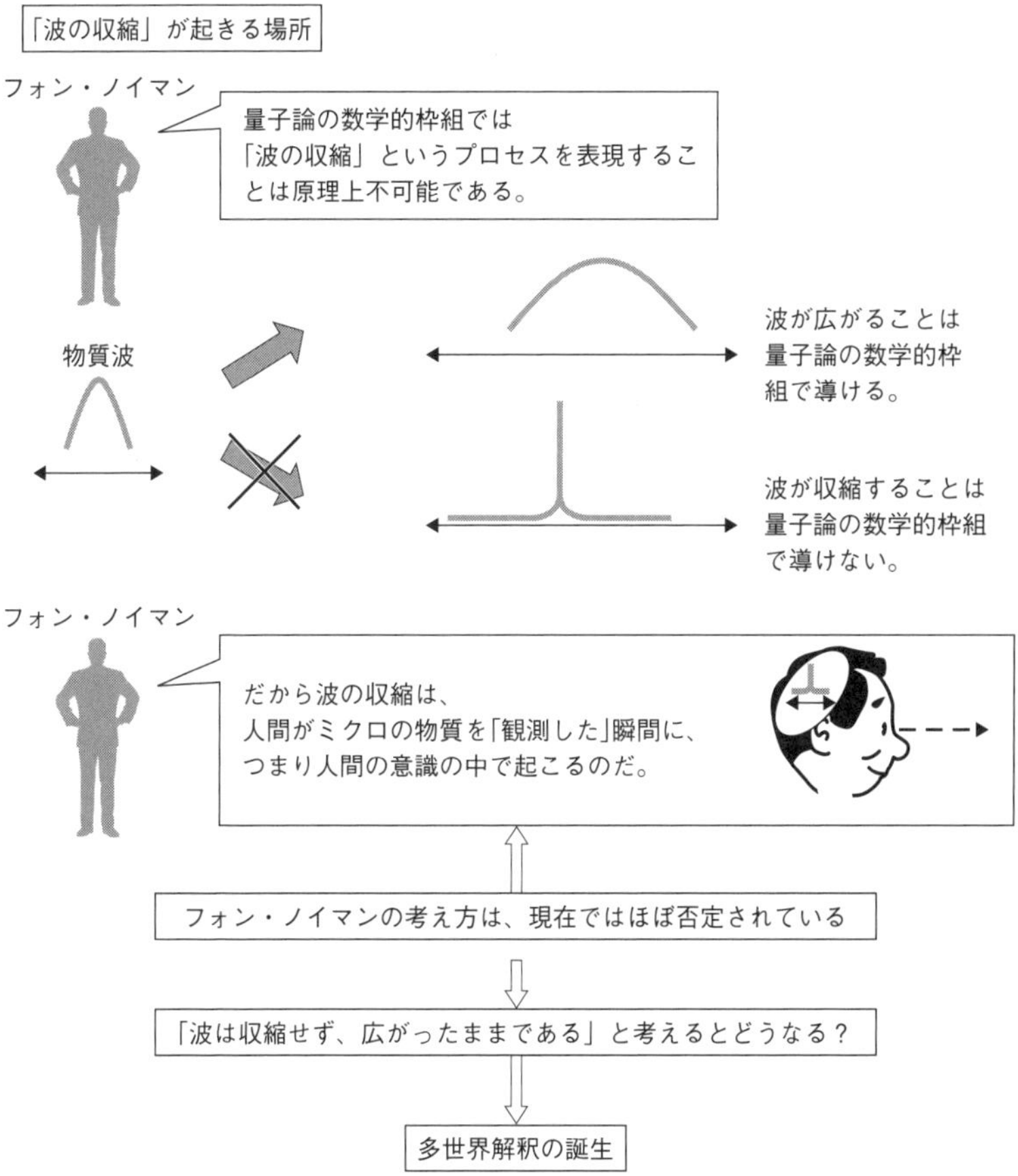
「波の収縮」が起きる場所
フォン・ノイマン
量子論の数学的枠組では
「波の収縮」というプロセスを表現することは原理上不可能である。
物質波
波が広がることは
量子論の数学的枠組で導ける。
波が収縮することは
量子論の数学的枠組で導けない。
フォン・ノイマン
だから波の収縮は、
人間がミクロの物質を「観測した」瞬間に、
つまり人間の意識の中で起こるのだ。
フォン・ノイマンの考え方は、現在ではほぼ否定されている
「波は収縮せず、広がったままである」と考えるとどうなる？
多世界解釈の誕生

いか」という発想が出てきた。

波の収縮はコペンハーゲン解釈における一つの仮定であるが、これを放棄して、なおかつマクロの世界に現れる観測結果を説明しようとしたものが、「多世界解釈」という考え方である。

◉——パラレルワールドと量子コンピュータ

前出のコペンハーゲン解釈では、観測される電子の位置について「それぞれの場所にいる状態が重なっている」と解釈していた。次ページの上図で示すように、「A点にいる状態」「B点にいる状態」「D点にいる状態」などが一つの電子の中で重なっており、どこか一ヶ所だけにいるとはいえないという考え方である。

これに対して多世界解釈では、観測する前の電子はどこか一ヶ所だけにいると考える。だがその代わりに、私たちの知らないうちに世界が複数に枝分かれしていると考えるの

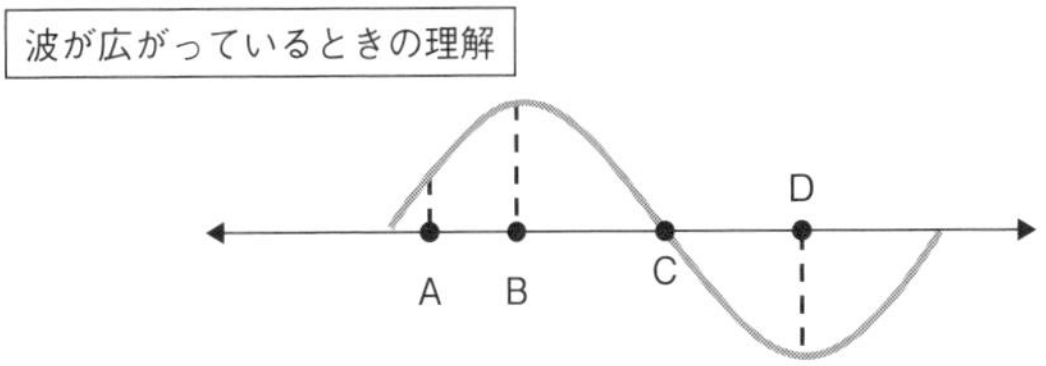
波が広がっているときの理解
D
A
B
C

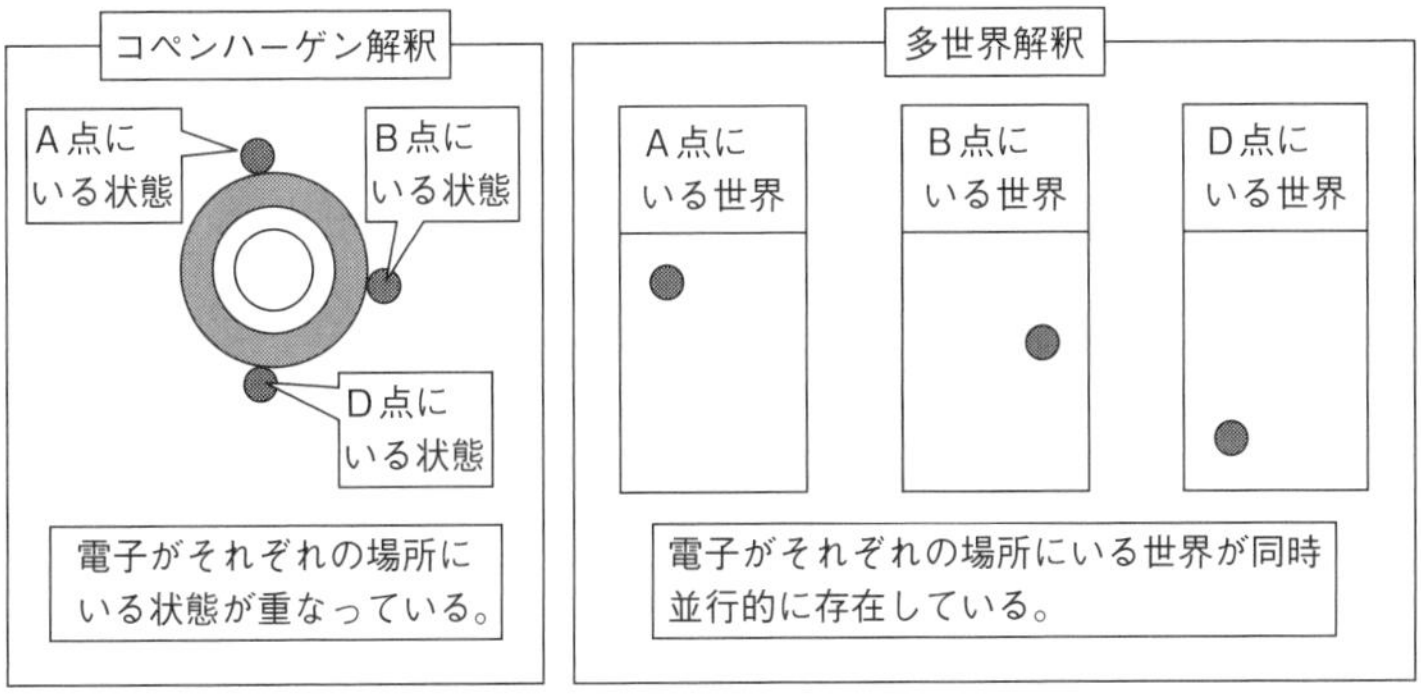
コペンハーゲン解釈
A点に
いる状態
B点に
いる状態
D点に
いる状態
電子がそれぞれの場所に
いる状態が重なっている。
多世界解釈
A点に
いる世界
B点に
いる世界
D点に
いる世界
電子がそれぞれの場所にいる世界が同時
並行的に存在している。

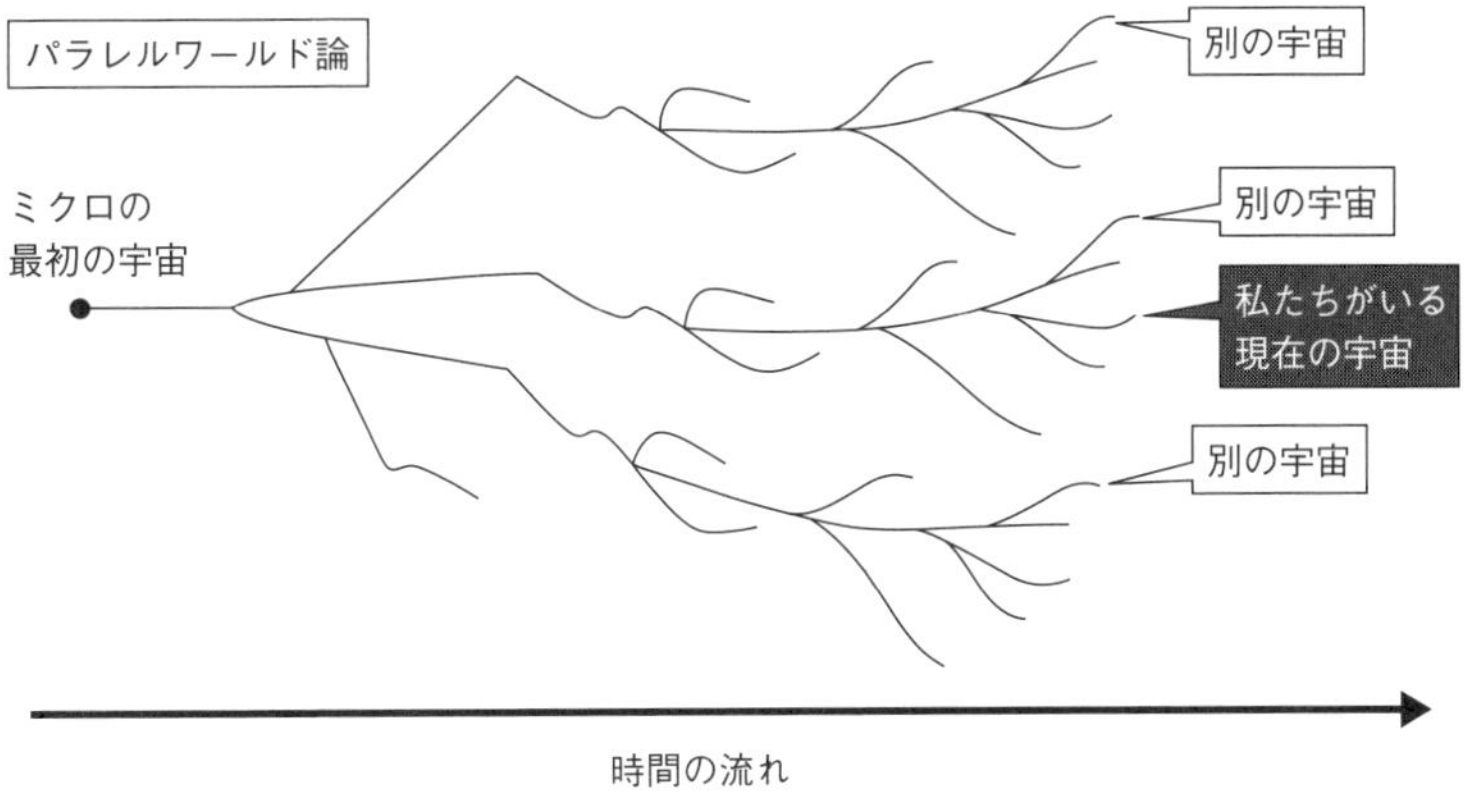
パラレルワールド論
ミクロの
最初の宇宙
別の宇宙
別の宇宙
私たちがいる
現在の宇宙
別の宇宙
時間の流れ

だ。すなわち、「電子がA点にいる世界」「電子がB点にいる世界」「電子がD点にいる世界」というように、複数の世界に分岐するということである。そして、それらの世界は重なって同時並行的に存在していると考える。

その場合、私たち観測者自身も、それぞれの世界に枝分かれして存在していることになる。だが、枝分かれしたそれぞれの観測者は、自分がどの世界に来ているのかは、電子を観測するまで断定できない。実際に電子を観測して初めて「私は『電子がA点にいる世界』にいるんだ」などと分かるのだ。ただし、事前にそれを確率的に予測することは可能である。

この多世界解釈は、アメリカ・プリンストン大学の大学院生であったエベレットが1957年に著した「パラレルワールド論」が原点になっている。日本語では「並行宇宙論」と訳されているが、ワールドが宇宙となっているのは、エベレットの論文が宇宙の成り立ちを考えたものだったからだ。

エベレットは量子論が自然界の基本原則であるならば、その原理はミクロの世界だけではなく、マクロの世界全体にも、ひいては宇宙そのものにも適用されるだろうと考えた。

宇宙はその誕生以来、量子論に基づいて可能性の数だけ（コペンハーゲン解釈でいう

「重ね合わせ」の状態だけ）いくつにも枝分かれしてきて、その一つが現在私たちのいる宇宙だとエベレットは考えた。そして、私たちの知らないところに、別の宇宙がいくつも存在し、そこには「もう一人の私たち」が暮らしているというのである。

さて、量子論の実用面における最先端の話題の一つに、量子の特異な振る舞いを応用した超高性能の量子コンピュータを作ろうという夢のような計画が現在進行中である。それが実現したなら、パラレルワールドが実在する証拠となるだろう。

現在のコンピュータは、あらゆる情報を二進数の数字に置き換えて演算処理を行っている。二進数は「0」と「1」の二つで表される数字である。「0」か「1」かという情報処理の単位をビットと呼ぶ。

これに対して量子コンピュータでは、情報処理の単位に「0と1の重ね合わせの状態」を利用しようとしており、これは量子ビット（キュービット）と呼ばれている。

理論的には、10個の量子ビットがあれば、二の10乗＝１０２４通りの演算を一度に行うことができることになり、量子ビットの数が増えるほど演算能力が向上するため、これを利用すれば、一度に大量の情報を処理して高速演算を実行できるのである。

この量子コンピュータの概念を考えたイギリスの物理学者ドイチェは、「量子コンピュータが並列演算を行えるのは、同時並行的に存在する複数の世界で演算が実施されるからだ。つまり量子コンピュータが完成すれば、それは多世界解釈の正しさの証明になる」と述べている。

しかしながら、量子コンピュータの実現に至るには、デコヒーレンスの問題（量子ビットでの計算中に外部から光子《こうし》や電子が進入すると「観測した」のと同じになり、重ね合わせの状態が解消されてしまう問題）や量子ビットの集積化の問題、量子コンピュータ用の計算アルゴリズムの開発など、多くの難問をクリアしていかなければならない。

量子論に示される世界像と伯家神道の世界像との類似性に注目すると、量子コンピュータとは、私たちの住むこの宇宙に並行して存在するパラレルワールド（並行世界）の量子によって記憶・計算を行うものであることを意味しており、幽の幽、あるいは天津神の世界にアクセスするコンピュータと考えることができそうだ。

◉──量子場脳理論と言霊

量子場脳理論とは脳と心に関する最先端の科学理論であり、治部眞理《じぶまり》氏、保江邦夫《やすえ》氏によるその学説は、１９７８～79年に書かれた、スチュアート氏、高橋康《やすし》氏、梅沢博臣《ひろおみ》氏の論文に起源を持つ。

「こころ」とは何か――梅沢氏と高橋氏が最初に着目したのは、人間の脳の記憶機構だった。つまり、私たちの「こころ」＝意識を育む記憶を、自然現象を理解する上で最も基本的な物理理論である「場の量子論」における秩序形成過程として捉える理論を提唱したのである。これが現在、「量子場脳理論（Quantum Brain Dynamics）」あるいは「量子脳理論（Quantum Brain Theory）」という名前で呼ばれている理論の原型となった。

現在の医学や生物学では、ニューロンと呼ばれる神経細胞がたくさん集まって複雑な神経回路を作っているものが脳と呼ばれている組織であり、記憶や意識といった脳の高次の機能は、ニューロンの神経回路の中を行き交う電気的な信号や化学的な信号によって生み出されていると考えられている。このような考え方は20世紀の初めに成立した、古いものである。

だが、梅沢・高橋両氏は、ニューロンの神経回路の作用は本質的なものではなく、記憶や意識など脳の高度な機能の本質は、むしろ量子の世界にあると考えた。

すなわち、脳においては、ミクロのスケールの量子論的物理系と、ニューロンの神経回路が基礎をおくマクロのスケールの古典的物理系が有機的に結びついた物理系の存在が想定されるということだ。

その場合、彼らの量子場脳理論では、脳の中に量子場がいくつか存在しなければならない。二人はそれをコーティコン場とスチュアートン場であると考えた。さらに、コーティコン場の波動を場の量子論の枠組の中で捉えたものがコーティコン場の量子＝コーティコンであり、スチュアートン場の波動がスチュアートン場の量子＝スチュアートンとされた。

ただし、その理論が提唱された当時の脳科学においては、このような量子や量子場が脳の中にあることなど誰も想像だにしなかったので、梅沢・高橋両氏は当初、これを仮説として提唱したのである。

では、より具体的に見たとき、量子場脳理論の基本仮説はどのようなものになるのか。

第一に、脳の機能的な構成要素は細胞膜で閉じられたニューロンと呼ばれる神経細胞だけの物理的な体系ではないと考える。つまり、量子場脳理論における脳の構成要素のイメージとしては、脳の基本単位としてよく知られたニューロンではなく、量子場が細胞の内外に広がったものだと考えるわけだ。

第二に、このように細胞の内外に広がった量子場の一つが先述のコーティコン場に該当すると考える。そして、量子場脳理論においては、そのコーティコン場の量子論的な波動現象により、脳の記憶のからくりを説明することになる。

ただし、コーティコン場の量子であるコーティコンだけが脳の中に存在していても、そこに秩序ある量子の運動を見出すことはできない。脳の中に秩序が実現するには、個々のコーティコンを相互に結びつける量子場が存在しなければならないのである。

このことを、電子を例にして説明するなら、電子場に影響を及ぼすことのできる電磁場が個々の電子を結びつけていることに該当するだろう。そこで、電子にとっての電磁場にあたる、コーティコン同士を結びつける量子場が脳の中にも存在していることになる。

そこで第三に、そのような量子場として考えられたのがスチュアートン場である。

さて、これらの概念を前提とした量子場脳理論の仮説では、ニューロンだけでなく、すべての脳細胞の内外に広がった二つの量子場――コーティコン場とスチュアートン場の量子の間に繰り広げられる物理現象によって人間の「こころ」が生み出され、その中には記憶や意識に対応するものもあると考える。

つまり、大宇宙の中を電子（エレクトロン）や光子（フォトン）などが飛び回るように、小宇宙ともいえる脳の中をコーティコンやスチュアートンが飛び交うことによって、記憶や意識のからくりのもとになる物理現象が現れてくるというわけだ。

ここで注目したいのは光子の働きである。

大宇宙の中で電子が引き起こす現象でいえば、オーロラ、超伝導、電子や陽電子の消滅など、どれをとってみても光子が重要な役割を果たしている。それは、電子が電磁場の中に光子を発生させることで、電子場の波動（電子）と電磁場の波動（光子）との間の相互作用を行っているからである。

これと同じことが脳の中のコーティコン場の波動とスチュアートン場の波動との間についてもいえるならば、脳の中においても光子が重要な役割を果たしている可能性が示唆されるといえよう。

◉──「こころ」は光でできている

では、「こころ」の実像へ迫っていこう。

治部眞理氏と保江邦夫氏は、梅沢・高橋両氏の研究をもとにして、量子場脳理論に登場するコーティコン場を「脳細胞の内外に広がった水の電気双極子の凝集《ぎょうしゅう》場」であると考えた。電気双極子とはプラスとマイナスの電荷がごく微小な距離だけ離れた状態で一組になっているものを指し、たとえば、水分子などもその電気双極子となりうる。

一方、ミクロな量子の世界において、コーティコン場と互いに影響し合って生じる波動現象によって記憶や意識を生み出すスチュアートトン場は電磁場であるとした。

外界からの刺激や、それに対する意識の印象も含めた内的な刺激は、最終的にニューロンの細胞骨格や細胞膜の中につくられる大きな電気双極子の形にまで変形された後、それがさらに水の電気双極子の形に変形され、最終的に、水の電気双極子の凝集体として安定的に維持される。それがすなわち記憶である。

そして、いったん記憶が凝集体の形で持続しているようなときに、新たな刺激により、その凝集体の存在する部位に位置するニューロンの細胞骨格や細胞膜の生体分子が電気双極子を持った場合に、凝集体の中に南部・ゴールドストーン量子（質量を持たない粒子）であるポラリトンが発生し、その結果として記憶が想起される。

これら一連のプロセスが、記憶の早期の物理的な素過程（現象の最小単位となる過程）であると考えられる——というのが治部・保江両氏の説である。

だが、その記憶を想起する主体とは、いったい何なのか。つまり、思い出した記憶を意識する主体である「こころ」の物理的な実態とはいったいどんなものなのか。

ここで注目したいのが細胞と細胞の隙間である細胞間隙《かんげき》だ。

細胞間隙は、脳においてミクロの世界にもマクロの世界にも広がっており、ひとつながりとなっている。そして、ミクロのスケールとマクロのスケールのどちらにも顔を出す水の電気双極子の凝集体でできている。

そして、それぞれの凝集体が記憶の基本的な要素となり、どの凝集体からも固有のポラリトンが絶えず生み出されているために、記憶の要素が存在することを意識できるのである。そのことから、このポラリトンの生成を意識する主体こそが、「こころ」と呼ばれるものの実体だといえるだろう。

では、そのポラリトンなるものの正体は何なのか？

治部・保江両氏は、量子論に基づく仮説を丁寧に重ねていき、最終的にそれが有限の質量を持つ「隠れ光子」（エバネッセント光子）にその姿を変えて、凝集体の中に潜《ひそ》んでいるという結論を得た。

この隠れ光子はどんなに小さいエネルギーであっても生成されるため、ニューロンの細胞骨格や細胞膜の生体分子が形づくる電気双極子の凝集体に与えられる程度のわずかのエネルギーによっても、無限個の隠れ光子が生み出されることになる。そして、マクロのスケールにまで広がった光となって凝集体にまとわりつくことになる。

この隠れ光子は、いくら無限にたくさん集まっても隠れた光にしかならず、通常の進行波の光にはならない。つまり、直接見ることはできない光なのである。

記憶の想起の物理的な過程で発生した隠れ光子を取り込んでいる物理的な主体が、「こころ」の正体だということになるわけだが、脳細胞のミクロの世界を見渡す限り、その主体となりうるのは無限個の隠れ光子の集団しかない。

したがって結論をいえば、「こころ」の実体とは、脳細胞のミクロの世界において水の電気双極子の凝集体としてあまねく分布する記憶の要素の全体から絶えず生じる隠れ光子を含めた、無限の隠れ光子の集団であるということになる。

さて、ここまできてついに、「こころ」の実体を脳細胞のミクロの世界からマクロの世界にかけて広がっている電磁場の中に見出すことができた。

細胞質や細胞間隙にあまねく分布する記憶の要素として水が存在し、その水の電気双極子の凝集場から生み出される隠れ光子が無限に集まって実体化する安定した電磁場の運動形態こそが、量子場脳理論における「こころ」の実体だといえよう。

もちろん、記憶の要素である水の電気双極子の凝集場がはじめから存在しなければ、どこにも隠れ光子の集合体としての「こころ」は形作られない。

哲学者のミゲル・デ・ウナムーノは、心は記憶の上にのみ存在し、記憶によってのみ存在していると洞察したが、まさにそれが量子場脳理論の結論であった。

量子論に示される世界像と言霊の世界像との類似性に注目すると、記憶とはすなわち言霊に相当し、人の「こころ」は言霊によってのみ存在しうるということになる。

普通、私たちは、「こころ」がまずあって、そこから言葉が生まれると考えるわけだが、言霊学においては、まず天津神としての言霊があり、そこから「こころ」が生まれてくると考える。それは、量子場脳理論の説くところと通じる考え方だといえるだろう。

◉――DNAと言霊について

ではここから「DNAと言霊」という最後のテーマに移ろう。

人間の遺伝情報はDNA上に、A（アデニン）、T（チミン）、C（シトシン）、G（グアニン）という4種類の塩基と呼ばれる化学物質で情報化されている。

DNAに記された無限に近い文字列のうち、タンパク質（アミノ酸）をつくる指令を出している部分を指して私たちは遺伝子と呼んでいる。したがって、遺伝子とはタンパク質を作るための設計図なのであるが、その設計情報部分は全ゲノムのうち、わずか5パーセントからせいぜい10パーセントを占めているに過ぎない。

そして、残りの90～95パーセントは、どんな働きをしているか分かっていないブラックボックスである。あるいは、どんな働きもしていない部分と考えられて、「ジャンク（がらくた）」などと呼ばれている。

その5パーセントの遺伝子部分にしても、近年、従来の通説の半分以下の数しかなかったことが新たに判明したように、いまだ正確な数字は確定されていない。また、その働きにしても、解明されているのはごく一部なのである。

つまり、全体の遺伝情報のうち、その働きが分かっているのは一割にも満たないし、その分かっている部分についてもなお「分かっていないことの方が多い」のである。

このことについて、筑波大学名誉教授の村上和雄氏は、『生命の暗号②　あなたの「思い」が遺伝子を変える』（村上和雄著、サンマーク出版）の中でこう述べている。

ジャンクといわれる残りの不明部分にこそ大きな意味があると考えています。そこにこそ、生命の不思議、生命の神秘を全体で解く「暗号」が書かれていると期待しているのです。現段階では遺伝子として活動していない、それゆえ遺伝子ともよばれていないような無用無味のがらくた部分に、人体にとってきわめて重要な意味をもち、大切な役割をになう情報が隠されているに違いない――。私はそう考えており、ゲノムサイエンスの本来的かつ究極的な意義は、その不明部分の解読にこそあると思ってい

るのです。

そして、村上氏は『スイッチ・オンの生き方―遺伝子が目覚めれば、人生が変わる』（村上和雄著、致知出版社）の中で、

ごく最近、遺伝子のオンとオフに関連する大切な部分がジャンクの中に潜んでいることがわかりはじめています。

とも述べており、さらに、そのオン／オフのスイッチ機能について、前掲の『生命の暗号②　あなたの「思い」が遺伝子を変える』の中では、このように持論を述べている。

遺伝子のＯＮ／ＯＦＦのスイッチ機能は生まれつき固定なものではなく、さまざまな環境の変化によって「人為的」かつ後天的に、作動させたり切り替えることができるものです。（中略）

極限状況に追い込まれたときに、自分でも信じられないような能力を発揮したといっ

た例は、心の持ち方、気持ちのありようが、遺伝子のスイッチＯＮ／ＯＦＦに大いに関連していることの有力証拠といえます。

村上氏のこの説を根拠にして、七沢氏はこう述べている。

「アナログ的に遺伝子のスイッチをＯＮ／ＯＦＦにする方法の一つが『笑い』であると考えています。笑いには、祓いと同じようなリセット効果があると思われるからです。また、『言霊』も遺伝子のスイッチをＯＮ／ＯＦＦにする方法として考えられるのではないでしょうか。日本語には染色体を構成するＤＮＡに働きかける言語エネルギーのようなものが備わっているのではないかと私は考えています」

五十音から母音を除いて、「ん」を加えた四十六音が、染色体の数と一致することを考えるなら、上代和語から連綿と伝わる日本語が、そのままＤＮＡに働きかける可能性があるのかもしれない。

◉――言語というエネルギーの取り込み・伝播プロセス

七沢氏の開発した言語エネルギー発生器において、脳やＤＮＡへの働きかけは電磁波（光子）によってなされていると目されているが、音波によっても、脳を介して全身へ影響を与えることが可能であると考えられている。

また七沢氏は、言霊の発声も同様に脳やＤＮＡへ働きかけているのではないかと考えており、そこで想定される、言霊（言語）のエネルギーの伝播プロセスとして以下のような仮説を立てている。

［第1段階］物理的レベル

日本語が理解できる人の周囲に、空気の振動という物理現象として日本語の意味を持つ「音」が存在する。

［第2段階］生理的レベル

この日本語の「音」が耳に入って鼓膜《こまく》を振動させる。その振動は内耳《ないじ》にある蝸牛《かぎゅう》の前《ぜん》庭窓《ていそう》を振動させ基底膜《きていまく》に伝えられ、そこで「音」の周波数が分析される。さらに神経信号に変換されて聴神経を通り、脳に伝達される。

【第3段階】心理的レベル

脳が日本語の「音」の神経信号を認識する。

【第4段階】DNAレベル

その神経信号は日本語の言語というエネルギーとして神経繊維《せんい》から各細胞に伝えられ、各細胞内の分子がDNAと共振する。その結果、遺伝子（DNAの特定箇所）の情報と共振し、その情報を利用できるようになる。

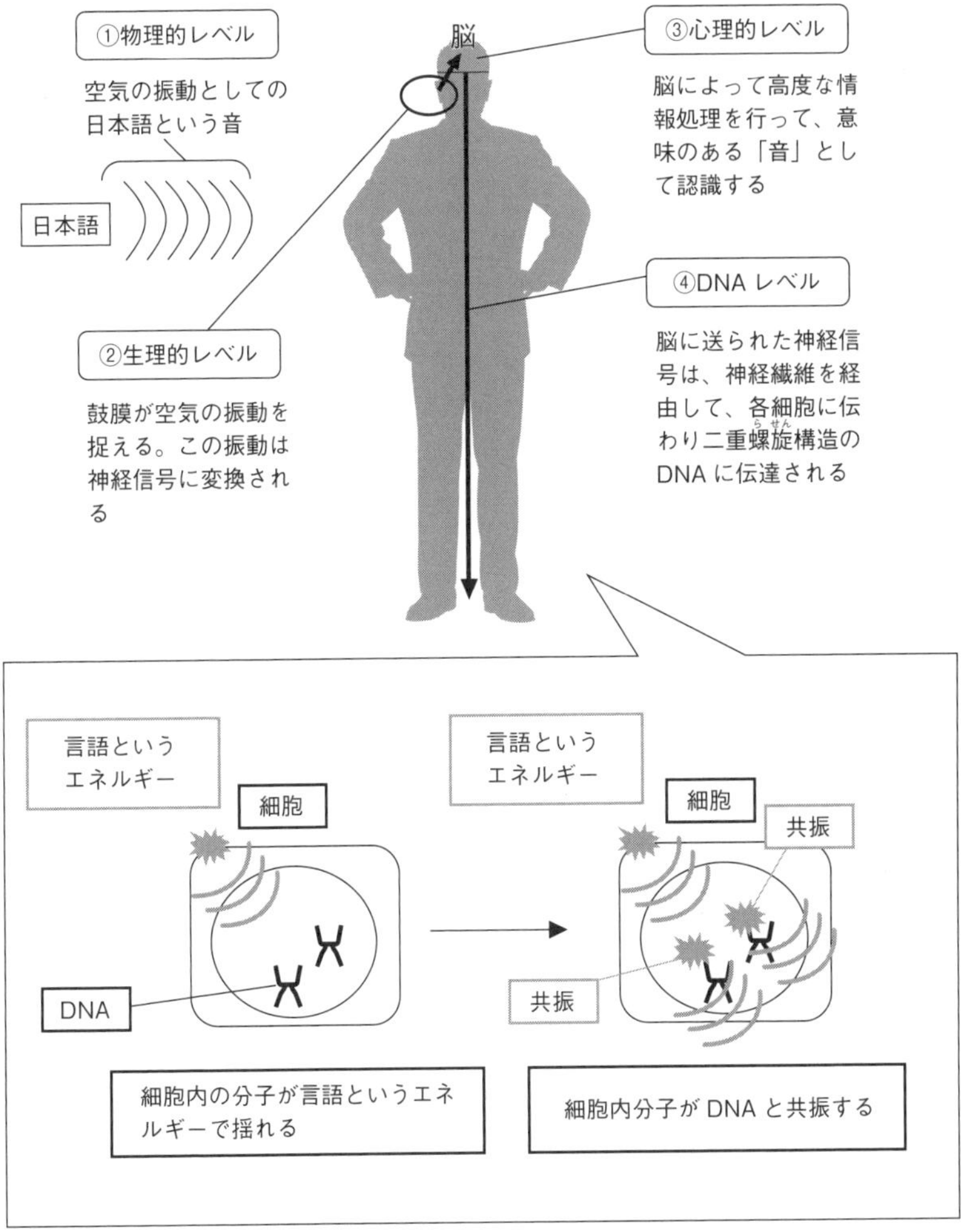

①物理的レベル
空気の振動としての日本語という音
日本語
②生理的レベル
鼓膜が空気の振動を捉える。この振動は神経信号に変換される
脳
③心理的レベル
脳によって高度な情報処理を行って、意味のある「音」として認識する
④DNA レベル
脳に送られた神経信号は、神経繊維を経由して、各細胞に伝わり二重螺旋《らせん》構造のDNA に伝達される
言語という
エネルギー
細胞
DNA
細胞内の分子が言語というエネルギーで揺れる
言語という
エネルギー
細胞
共振
共振
細胞内分子が DNA と共振する

言語エネルギーが DNA に伝達されるメカニズム

◉――言葉はゼロ・ポイント・フィールドから生まれ、そしてそこへ還っていく

七沢氏は、言語というエネルギーが脳やDNAへ及ぼす影響の延長線上に、言霊によって、この宇宙を満たすゼロ・ポイント・フィールドへと私たちの意識がアクセスする可能性について私案を持っている。

そのことは、小笠原孝次氏の著書『言霊百神』に以下のように記載されている。

天之御中主神《あめのみなかぬしのかみ》から大宜都比売神《おおげつひめのかみ》までの四十九神の存在と生成があり、生成はほんの一瞬間に於ける自己内部の出来事であって、それは進化論的な長い年代に亘る如き事柄でもなければ、また天文学的な広大な宇宙における事態でもありません。
瞬間に生滅する「一念」に三千の内容があると説いたのは天台ですが、神道ではその内容を五十と決定します。それは天名《あな》（先天）↓真名《まな》（理念）↓神名《かな》（言語）↓真名↓天名の順序で刹那に回転循環する精神サイクルです。
この循環はいわば映写室のフィルムの回転のようなもので、これが宇宙と云う広々と

したスクリーンに写った映像が森羅万象です。われわれはその映像を見て喜怒哀楽、栄枯盛衰、利害得失に迷ったり、神仏とか霊魂とか云われるものの実態をその映像の中に捕まえようとして見当外れの無駄骨折りをしますが、その映像が現れる根源と経路は宇宙（天名《あな》）→脳髄（真名）→発声器官（言語）→脳髄→宇宙と瞬間に回転する生命の知性の活動です。

神道は生命の主体、能動体であるその映写室の活動を捉えたものです。これを「天照大御神《あまてらすおおみかみ》、高御産巣日ノ神《たかみむすびのかみ》」の道と云います。

ゼロ・ポイント・フィールドから瞬間、すなわち中今に生成される一念が人の脳内に理念を生み、その理念が言葉として空気の振動の形をとる。そして、その空気の振動は聞き手の耳から脳へ入り、そこで理念を形成し、それがゼロ・ポイント・フィールドへ還元される。

――そのサイクルが宇宙という壮大な幻影を生み出し、それこそが宇宙の生命と知性の活動のすべてになっているというのが、言霊学の描く宇宙の仕組みである。

次章では、ここで触れた知見をもとに、実際に言霊で現実を創造する方法や、七沢研究所の開発したクイント・エッセンス・システムについて紹介しよう。

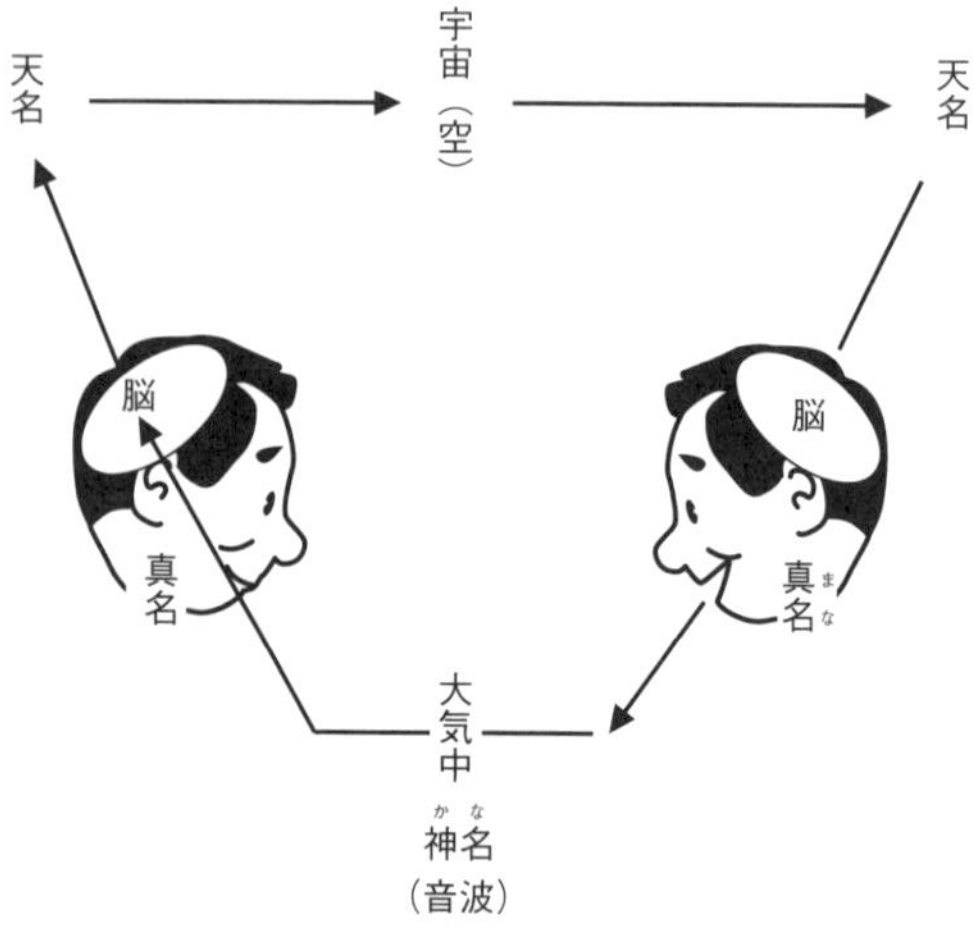

言霊の循環

［第4章］

言霊で現実を創造する方法

ブームとなった「ありがとう」

「ありがとう」という言葉が大きなブームとなっている。

普段、私たちが日常的に使っている言葉が話題に挙がっているその理由は、この言葉に幸福な出来事を招く力があると信じられているからだ。

120万部を超える大ベストセラーとなった『ツキを呼ぶ魔法の言葉』（とやの健康ヴィレッジ）は、その「ありがとうブーム」の火付け役の一つである。

工学博士である著者の五日市剛《つよし》氏は、若いころにイスラエル旅行を経験。それは失意の旅であったが、その途上で出会った老婦人が教えてくれた二つの言葉「ありがとう」「感謝します」と、もう一つ「ツイている」という言葉によって、氏の人生は大きく変わることになった。

そして、その体験を本にした『ツキを呼ぶ魔法の言葉』がクチコミでじわじわと知られるようになり、最終的に、多くの人々がそれらの言葉によって自らの人生を好転させることに成功したのだ。

同じように「ありがとう」によって人生を好転させた体験を分かち合っている人物に、『宇宙を味方にする方程式』（致知出版社）など多数の本の著者として有名な小林正観《せいかん》氏がいる。小林氏によると、「ありがとう」と唱えることで、それに見合った現実がやってくるのだという。

また、日本において近年大きなムーブメントとなってきている、ハワイのホ・オポノポノという問題解決の手法もまた「ありがとう」に関係する。

これは、精神医学の研究者であるイハレアカラ・ヒューレン氏がハワイの伝統的な手法をアレンジしたものであり、問題を起こしている自分の潜在意識に向けて、「ごめんなさい」「許してください」「ありがとう」「愛しています」という四つの言葉を繰り返すことによって実践される。

ホ・オポノポノがある種のセラピーであることは間違いない。だが驚くべきことに、この手法は現実の出来事をも変えられるのだという。

事実、ヒューレン氏は、重罪を犯した精神障害者施設において、一人一人の受刑者に対する自分の思いをクリーニングすることで、収容者らの精神状態を大きく改善している。

この手法では「ありがとう」以外の言葉も用いられるが、いずれにせよ、肯定的な言葉を口にして現実を変えるという点で、前出の五日市氏や小林氏の考え方と共通したものだといえるだろう。

◉——祓詞で言霊は本来の力を取り戻す

本章の冒頭で紹介した彼らの提唱していることは、まさに言霊の実践にほかならない。

そして、彼らと同様に肯定的な言葉を口にして、自らが望む現実を創造しようとする人々は、これまでにも数多く存在した。書店の「自己啓発コーナー」へ行けば、その種の本がずらりと並ぶさまを目にすることになるだろう。

だが、一方で、肯定的な言葉、あるいは肯定的な思考の現実化について、疑問の声も少なくない。これらの手法の実践者の間からも、そのような声が聞かれることがある。それは、言葉にしたことが実現しない人も決して少なくないからだ。

きっと本書の読者の中にも、アファーメーション（願望実現のための肯定的な文言）などに取り組んで失望の結果に終わったことのある人がいるだろう。そういう方は、言霊が現実を創造するという話にも半信半疑になってしまうと思う。

では、どうして一般的なポジティブシンキングやアファーメーションが失敗に終わってしまうことがあるのか。その理由について七沢氏はこう解説する。

「ポジティブシンキングには論理性がありません。そのため、どれほど肯定的な文言であっても唱えれば唱えるほど、それが強迫観念となる人が出てきてしまいます。そのような人の場合、ポジティブシンキングは逆効果となるでしょう。

人は何か行動に移るときにハードルがあるものですが、それは脳が問題の背景にある階層の全体を理解していないために、なかなか動けないということです。

これまでの心理療法もいいところまではきていますが、全体の階層でしっかり言葉にしていないために、どうしても逃げ道ができてしまいます。あえて、逃げ道を作るというやり方もありますが、本当に物事を改善したいなら逃げてはいけません」

つまり、ここでもポイントとなるのは階層性と統合性なのだ。

人が何かを願望するときには、必ずその背景には「不満」「不足」「不調」といったネガティブな問題が隠されているもの。一般的なポジティブシンキングやアファーメーションでは、そのネガティブな要素に触れず、ポジティブな願いにだけ意識と言葉を向けることになるが、それでは人によっては、ネガティブな要素を心の奥に閉じ込めてしまい、融通無碍《むげ》な心の働きをかえって縛り付けてしまう。

さらには、その願望の背景にある問題まで含めた「事の全体像」を脳が理解していないために、いざという好機にあたって機転を利かせ、適切な行動をとることができにくくなる。

七沢氏が述べているのはそういうことであろう。

では、言霊で現実を創造するにはどうすればいいか?

五つの母音が五階層と対応する日本語の五十音に、階層性と統合性が折り込まれていることはすでに説明した通りである。そのため、基本的には日本語で語られた願望は叶《かな》いやすいといっていいだろう。

だが、私たちの多くは、現代の日本語が上代和語から変遷してきた過程への理解を欠き、古層和語圏といわれる豊穣な霊的・知的データベースにアクセスする術《すべ》も知らない。

加えて、近年顕著な日本語の乱れも問題である。乱れた日本語が飛び交う中で、言霊が力を持ちえないのは当然のことであろう。

そこで、そのような時代であるからこそ、祓詞の奏上が大きな意味を持つことになる。まず唱えてみていただきたいのは、伯家神道の「三種祓《さんしゅのはらい》」「身禊祓《みそぎはらい》」「一二三祓《ひふみのはらい》」だ。

第1章で「身禊祓」について説明したことを覚えておられるだろうか。この祓詞には、『古事記』に説かれた百神のうち八十七番目の八十狂津日神《やそまがつひのかみ》から九十七番目の上筒男命《うわつつをのみこと》の名前が順に並べられており、それらは言葉を整理する神とされる（２５４ページ参照）。つまり、その神名《しんめい》を口にすることで、言葉の乱れは階層化されて整うのだ。その階層化は同時に祓いでもあった（その具体的な仕組みについては巻末でご案内する「一般社団法人白川学館」で学べるよう準備を進めている）。

また、「身禊祓」の後に奏上される「一二三祓」は、祓い清められた言葉によって新たな創造を行う宣言であると同時に、五十音を授かった感謝の念祷《ねんとう》である。

数が「一（ひ）、二（ふ）、三（み）……」と生じるように、祓いによって創造の源である高天原に回帰した地点から新たな現実を創造する。それが「一二三祓」の真義である。ここでポイントとなるのが、「身禊祓」によって高天原に回帰した後に「一二三祓」を奏上することだ。

つまり、新たな現実を創造するには、いったん「まっさら」にしないといけない。

これはほかの霊的伝統においても同様である。たとえば、インドのヨーガ行者の中には「マウナ」と呼ばれる沈黙の行に励む者がいる。彼らの中には10年、20年と沈黙を貫く行者が存在するが、そのような者がひとたび口を開いて何かを言うと、それはどれほど不可能に見えることであっても実現するという。

何十年も無言を貫いて頭の中にすら言葉が浮かばなくなったとき、言霊は本来の力を取り戻すのである。

これと同じことを、長年の修行を経ることなく誰もが行えるのが伯家神道の祓詞である。そして、祓いとは、自分自身の心身の穢《けが》れを浄化することでもある。

祓詞の奏上は毎日行うことが望ましいと七沢氏は言う。

「人は毎日のように何かを間違う存在ですから、毎日奏上して自らを祓い清めておくといいでしょう」

ただし、前章で触れたように、祓詞を奏上するときに抑揚や旋律をつけてはならない。また、祓詞にはそれなりの力があるため、ところかまわずに唱えると、不要な霊的エネルギーを惹《ひ》きつけてしまうこともある。そのため、奏上の前には火打ち石で身を清め、さらに身の周りに結界《けっかい》を張っておくのが決まりとされる。

自己流で奏上する場合にはどうしてもそのリスクは避けがたい。正しく奏上できない場合には逆効果として、かえって禍《わざわい》を招いてしまうこともあるので、実施の際には細心の注意が要されることになる。

◉―客観視によるゼロ化への道

意識をゼロ・ポイント・フィールドに持っていくことが重要なのは分かった。では、祓詞の奏上に関してそれなりの指導者のいない場合にはどうすればいいか？

祓いが自分を浄化するものだとすれば、祓いとは違う方法で心身の穢れを浄化する術、すなわち自身の「ゼロ化」はできないのだろうか。

禅や老荘思想をはじめ、一部宗教の世界では、ゼロ、すなわち「無」「空」といわれる世界をその最終目的とした。そのために、さまざまな方法論が編み出され、それにより光明（＝意識のゼロ化）を得たという人物が出たのも事実だ。しかし、果たしてどれだけの人々がこの恩恵にあずかることができただろう。

一方、伯家神道では、意識のゼロ化をスタート地点と見る。

つまり、祓いによりゼロの地点に戻ることが、そもそもの前提なのだ。そして、そこから言霊によって新しい世界を創造していくのが、惟神《かむながら》の道と呼ばれる。

考えてみれば、「中今」という概念からも分かるように、人間はもともと、この今という瞬間に生きており、それをゼロの地点とすれば、誰もがこのゼロ・ポイントを通過していることになる。

だが、情報化社会であるため、私たちは多くの情報を詰め込みすぎて、思考や感情のエネルギーによってゼロの地点を見えにくくしている。何しろ、「ゼロ」について考えることすら、「中今」を見失うことにつながるのだから。

そこで、客観視という方法が生きてくる。ある考えが邪魔であればそれを捨てればよい。考えている自分が邪魔であれば、それを客体化して仮想上のゴミ箱に捨てる。そうすることで、「ゼロでないもの」を排除していき、全部取り除けば、最後はゼロしか残らないという寸法だ。

七沢氏が言うように、そもそも祓いには、罪、咎《とが》、祟《たた》り、障《さわ》り、穢れを階層に分けて消すという意味合いがある。だがそのためには、問題を俯瞰《ふかん》できる位置に自分を置く必要があるだろう。その際、階層的にどれほど上の位置から見るかにより、当然、見える景色も異なる。

たとえば、考えそのものの階層、その考えを見るという階層、それを見ている自分を見るという階層……というように、どの階層から観察を行うかで、ゴミ箱に捨てるべき要素の把握も変わってくるだろう。

これはちょうど、パソコンにあるデスクトップの画面にも似ている。あるデータがフォルダに入っているとする。そのデータをそのままドラッグしてゴミ箱に捨てることもできるが、フォルダごと捨てることもできる。しかし、そのフォルダは、また別のフォルダに格納されている下位の一フォルダかもしれない。

ここに階層性という概念がないと、データを格納する最初のフォルダを消去しただけで、ゼロになった気分になってしまう。しかし、階層ごとに存在するフォルダの全容を把握していないと、どこかに隠れていたファイルがいたずらをするかもしれないのだ。

客観視は、これらの階層を客体化し観察することで成立する。では、階層から階層へ客観視をとことん突き詰めていくと、どんな地点に行き着くのか？

実は、最後の最後は客観できなくなるのである。つまり、主体があり客体があって初めて客観視が可能になるのであって、客体、すなわち見られるものがないと客観視は不可能となる。

自分の足から順番に体を見ていってほしい。腹部、腕、胸……そこまではいい。鼻も見えるかもしれない。しかし、自分の眼で自分の眼を見ることはできない。

同じように主体が客体を見ることはできても、主体が主体を見ることはできない。ゼロをつかむとは、自分の眼で自分の眼を見ることに等しい。つまり、見るのは不可能ということだ。だが、見えないからといって、それがないわけではない。そう、見えなくても確実に「ある」のである。

それを最終観察者といってもいいだろう。言挙《ことあ》げできない存在がそこにある。これに関して七沢氏はこう説明する。

「皆さん究極の存在として神様の名前を欲しがりますが、名前をつけるとそこに新たな破れが生じます」

つまり、観察されるもの、名付けられるものが何もなくなって初めてゼロと一体化できるのだ。

もちろん、これでは「意識を無に持っていくにはどうすればいいか」という問いへの回答にはならない。いかにそれが難しいかを説明しただけだ。ただ、階層性という考え方はご理解いただけたことと思う。

◉ゼロから言霊の実現化へ

伯家神道の師である高濱浩氏は「三種祓」について、七沢氏にこう語ったという。

「『とほかみえみため』は、最初の『と』で神と一体化するのです」

七沢氏がかつて言ったように、五十音はそれだけで祓いになる。つまり、「あ・い・う・え・お」も立派な祓いになるのである。

なぜなら、日本語を正しく発音するということは、ゼロから発声するということになり、ある言葉を発音する手前には常にゼロ・ポイント・フィールドが存在することになるからだ。

自分が五十音のどれか一音を発音する様子を可能な限り繊細に観察してみてほしい。心の中で一音を思い浮かべるときでもいいが、いずれの場合でも、どこかの瞬間に発音のための意志が働き、また、その手前には何もないことが分かるだろう。別の思考をしていたとしても、ある地点で切り替わり、いったん何もない状態となる。

意識が動く手前のこの隙間は何だろうか？

実は人間は、ことさらゼロに戻ろうと思わなくても、発声や思考のたびにその瞬間を経験している。だが、その瞬間には主体と客体が一致しているので気づかないだけだ。

第3章の後半で紹介したように、小笠原孝次氏は、著書『言霊百神』の中で、一瞬のうちに宇宙の創造・維持・破壊が行われるというサイクルを説明している。つまり、いついかなる瞬間にも創造の場、すなわちゼロ・ポイント・フィールドが存在しているのである。

これは何を意味するのか――そう、ゼロというものを考えなくても、人間は常にそのゼロと一体化した存在だということにほかならない。

それが自覚できれば、あとは適切な言霊を発するのみである。

では、適切な言霊とは何か？　当然、ただ自分の思いを言葉に出せばいいというわけではない。また、同じことを表現する場合でも、言葉の使い方によって、そこから脳が想起する内容も変わってくる。そのため、ある特定の内容を実現させたい場合には、立体的にありありと実物が立ち上がってくるような表現が好ましいとされる。

ただし、そのようなイメージが立ち上がってくる表現であれば何でもいいというわけではないようだ。結局は何をどう表現するかの問題であり、その表現には必ず、構築された文章、すなわち構文が必要となる。

これに関しては、リスクがなく、十分に高い効果を発揮しうる方法として、「構文の五階層」を用いた手法があると七沢氏は言う。

◉──「構文の五階層」による言霊エネルギーの活用

「構文の五階層」とは、五段階に分けて文章を構築し、作成した文章を数日間、朝晩数回ほど声に出して読むと、効果を期待できるというものだ。アファーメーションにも似ているが、論理的かつ階層的に文章をつくっていくという点でオリジナリティがある。

ここで例題として、理不尽な理由で上司に叱られているという状況を取り上げてみよう。

最初のステップは「一人称構文」の作成だ。

ここでは、自分の置かれている環境や体感から、自分がどのような心情を持っているのかを記述する。この例題の場合、「まじめに仕事しているのに叱られるなんて腹が立つ！」といった感じになるだろうか。

次のステップは「他人称構文」の作成となる。

ここでは、問題に関係している相手の心情を記述する。相手の気持ちが分からない場合は想像でもかまわない。この例題では、「上司は私の容姿が好きになれないという理由で

構文の五階層

自在構文

「人生において他者に振り回されて自分を見失うことは愚かなことだ」
「理不尽な理由で怒っていることが分かったのだから、そんなことで振り回されるのはもっと愚かなことだ」

↑

優先構文

「不条理な理由で上司に叱られても、私は感情に振り回されないようにしよう」
「上司の愚かさに怒るのではなく、上司を哀れに思うぐらいの心の余裕を持つべきだ」

↑

複合一人称構文

「上司から叱られることに腹が立っているが、そんな感情に振り回されるのもうんざりだ」

他人称構文

「上司は私の容姿が好きになれないという理由で私に怒りを感じている」

一人称構文

「まじめに仕事しているのに叱られるなんて腹が立つ!」

↖ おかれている状況

5	自在構文
4	優先構文
3	複合一人称構文
2	他人称構文
1	一人称構文

構文の五階層

私に怒りを感じている」としておこう。

三段階目のステップは「複合一人称構文」の作成である。

ここでは、「一人称構文」のところで記述した自分の心情に関して、どのような心情を抱くかということを記述する。ここで着目してほしいのが、これが「一人称構文」から一歩引いた（俯瞰した）視点の記述になることだ。

この例題の場合、「上司から叱られることに腹が立っているが、そんな感情に振り回されるのもうんざりだ」というのがその一例だ。ここに、自分自身を客観視する視点が含まれているのが分かるだろうか。

「第一段階で『私』というものを定義し、第二段階で『他者』のことを定義し、その上で第三段階では、自己と他者との間に生じる矛盾や葛藤《かっとう》、悩み苦しみなどをどう感じるかということを文章構文にしています。

そのような自他の問題は、『私』と『他者』が正しく定義づけられていないことで情緒の乱れが生じているということであり、それを構文を作ることで理解していくのです」

と七沢氏は解説する。

さて、第一〜三段階で状況の整理をつけたところで、第四段階目のステップは「優先構文」の作成となる。

　これは、「では、何をなすべきか」ということを考える段階であり、問題となっている状況において自分がどうあるべきかを記述する。

　この例題であれば、「不条理な理由で上司に叱られても、私は感情に振り回されないようにしよう」という感じだろうか。もしくは、「上司の愚かさに怒るのではなく、上司を哀れに思うぐらいの心の余裕を持った方がよい」という文章でもいいだろう。

　これは、第三段階の俯瞰した視点に基づいて実際にどう行動すべきかを考える段階であり、結果的に、自分が幸せになるにはどうすればいいか、自己の矛盾と他者の矛盾とを超えて本来あるべき自己に戻るにはどうすればいいか、ということの模索となる。

　そして、最後の五段階目のステップは「自在《じざい》構文」の作成だ。

　ここでは、第一～四段階での理解を踏まえた上で、人間とは何か、人生とは何か、といった自分なりの理解を文章にする。この例題でいえば、「人生において他者に振り回されて自分を見失うことは愚かなことだ」「理不尽な理由で怒っていることが分かったのだから、そんなことで振り回されるのはもっと愚かなことだ」となるだろうか。

「この『構文の五階層』は、私の五階層の考え方と関係しており、それは哲学の階層としても表現できます。『一人称構文』『他人称構文』『複合一人称構文』は矛盾論であり、『優先構文』は実践論です。ここの矛盾論から実践論への移行の部分が重要な転換点です。そして、『自在構文』は存在論です。

この一連の段階を通して、私と他者、私《わたくし》と公《おおやけ》との問題を客観視したときに、人はどう生きるかという存在論のところが明らかになるでしょう」

その五段階目のステップを終えたところで、一連の構文をうまく合わせて一つの文章にする。これが総仕上げの段階だ。

この例題でいうと、

「まじめに仕事しているのに叱られるなんて腹が立つ。上司は私の容姿が気にくわないという理由で私に怒りを感じているにちがいない。

そのような上司から叱られることに腹が立つが、そんな感情に振り回されるのもうんざりだ。だから、上司の愚かさに怒るのではなく、上司を哀れに思うぐらいの心の余裕を持った方がよい。

そうだ、理不尽な理由で怒ることは愚かなことなのだから、そんなことに振り回されるのはもっと愚かなのだ」

というのがその一例である。

ポイントは、自分のマイナス面を隠すことなく、それを表に出して認めることで次の階層に上がるきっかけを作っている点にある。つまり、階層の内容を確定させるということである。自分から逃げずに、ありのままを客観視することで、臆することなく、自信をもって言葉の表現ができるのである。

これが、いわゆるポジティブシンキングにおけるアファーメーションとは根本的に異なることは明白だろう。

このような構文を自分で作成して唱えることで、新しい現実を創造することができると七沢氏は言う。

言霊（＝言語エネルギー）というものを現代的な文脈で理解し、かつその力を体感したい方は、ぜひ、この「構文の五階層」を試してみよう。それはまた、体験的な実学としての言霊学と伯家神道への入り口ともなるはずだ。

◉──「構文の五階層」で自らの現実を創造する

「構文の五階層」をしっかり使いこなせるようになるために、もう少し例を挙げておこう。一人称構文・他人称構文を見たら、そのあとの構文は読者ご自身でつくってみるなどして、構文をつくるコツをつかんでほしい。

なお、ここで挙げるのはあくまでも一例であって、実際の構文を作成するときに各自の参考にしてもらうための例文である。

［ケース1　病気を治したい］

一人称構文

「私はがんを患っており、死ぬことを恐れている。だが治療も怖い」

他人称構文

「医師は抗がん剤を勧めてくる。副作用を恐れる私の気持ちを分かってくれないようだ」

複合一人称構文
「私は死の恐れ、治療に関する恐れから解放されたい」
優先構文
「恐れは免疫力を低下させて病状の悪化にもつながる。だから、笑顔を取り戻すために何か楽しいことに取り組もう。そして私は、前向きな姿勢で医師とよく話をして、治療への恐怖を克服し、治療に取り組んでみよう。もし、医師の説明に納得いかなければ、別の病院でセカンドオピニオンを求めよう」
自在構文
「人間はただ生きればいいのではなく、情緒的に安定し、安心の中で生きることこそがその本来の姿である。この病気はそのことを教えてくれた気がする」

七沢氏のコメント
「以前、ちょうどこの例題と同じような状況の人がいました。この方は西洋医学への不信感から代替医療にばかり取り組んできましたが、その結果、骨転移まで起こしてしまい、余命宣告が出る事態になったのです。

しかし、自分自身の情緒を客観観して感情を整理したところ、安全と思える範囲で西洋医学を取り入れることを決意します。そして、低濃度の抗がん剤の投与を受けながら、落語などを聞いて生活に笑いを取り入れることを心がけた結果、がんの病巣は半減し、医師とも心を通わせて、心にゆとりをもって治療に励むようになりました」

［ケース２　早く結婚したい］

一人称構文
「年齢も年齢だし、そろそろ結婚したい。さすがに焦りが出てきた」
他人称構文
「しかし、条件の合う相手がなかなかいない」
複合一人称構文
「結婚できない焦りを解消したいが、相手選びで妥協したくはない」
優先構文
「客観的に考えると、結婚できないことには自分にも反省点がある。異性に対する態度が変わらないことには良い出会いもないだろう。まずは自分を改めて、周りにも結婚したい旨を告げておけば、やがて良い縁がやってくるだろう。とりあえず待つとしよう」

自在構文

「そもそも結婚とは条件だけで決めるものでもなく、機縁《きえん》によっても導かれるものだ。また恋愛だけをするのとは違い、家庭を持って、愛されるばかりでなく、夫や子どもを愛することも学ばなければならない。そのような愛を目指していくことができれば、良縁はきっとやってくるだろう」

七沢氏のコメント

「問題にかかわる具体的な他者が特定されない場合には、このケースのように、『他人称構文』のところに自分を取り巻く状況を書くといいでしょう。

結婚に関する悩みは現在多くの人が抱えていると思いますが、人に愛されることばかりを求める『恋』の段階にとどまっていては、相手の条件ばかりを気にして、いつまでも良縁に恵まれないことになりがちです。

結婚とは、双方の愛が広がっていき、家族愛へと発展させることであると理解してください。そのことに気づいて『愛』に目覚めるとき、きっと良縁がやってくることでしょう」

［ケース3　商売がうまくいかない］

一人称構文

「商売の売り上げが不振で、このままでは不安だ」

他人称構文

「上客《じょうきゃく》が少ない。クレームをつけてくるような客は業務の邪魔になるので来ないでほしい」

複合一人称構文

「不安を一掃するために、斬新な打開策を打ち出したい」

優先構文

「これまでは客から非難されたくなくてクレーム客を嫌っていたが、よく考えれば、そのクレームからこちらの商売の欠点を学べたなら、クレーム客も上客になってくれるにちがいない。そこから斬新な打開策も生まれてくるだろう。これからはクレーム客から学ぶ姿勢を心がけよう」

自在構文

「商売における鉄則は『お客さまは大切な解答を持ってくる』ということだ。商売を成功させるには、お客さまの知恵を借りることが必須である」

七沢氏のコメント

「客という存在は何か問題があればクレームをつけるのが当然です。もちろん、嫌なことを我慢してクレームをつけてこない人も多いのですが、そういう人よりも、実際にクレームをつけてくる人の方が商売をやっている側にとっては大変ありがたい存在だといえます。

『クレーム客をゼロにしたい』という部分だけで進めてしまうと、クレームは確かにゼロになったがお客さまもゼロになった、ということになりかねません。客観視をしないと見えてこない世界です。

『お客さまは大切な解答を持ってくる』――ビジネス系の自己啓発書に書いてあるのは、究極的にはこれだけだといっていいでしょう。それは商売の鉄則であり、そこに気づける人が成功を手にします。そして、その気づきのためには、『構文の五階層』によって自らの商売を客観視することが大切です」

◉──言語エネルギーを周波数として発振する試み

言語と哲学の関係、あるいは言語と人間心理との関係から考えて、「構文の五階層」が優れた手法になりうるだろう。

だが、その実践には知的なプロセスを冷静に踏んでいくことが必要とされるため、混乱状態にある人や感情的になっている人、あるいは、子どもや高齢者、病人などには向かないかもしれない。つまり、万人向きの手法とはいえないのである。

そこで、七沢氏が考えたのが、言語の持つエネルギーを周波数として発振させて、人の脳とDNAへ最もよく共鳴する形で祓詞を奏上する機器を作ることであった。これなら、誰もが言霊の恩恵にあずかることができる。

その機器の開発にあたり、七沢氏にとって強力なパートナーとなったのが、臨床脳波学（生理心理学）の権威である山梨大学名誉教授の椙村憲之《すぎむらのりゆき》氏である。

その出会いは２００６年のことであった。

椙村氏は、大学生のときに「意識とはいったい何なのか」というテーマに取り組み始め、意識を客観的に知る方法として、必然的に脳波研究の世界に入ることになったのだという。そして、そのような科学的探求の一方で、氏は身をもって変性意識を実証するために坐禅《ざぜん》や瞑想、気功といった意識を変容させるテクニックの実践も並行して行い、その中で宇宙との一体感などさまざまな意識体験を重ねていく。

その後、インドの瞑想の師からの勧めで探求の方向を神道へ向けた椙村氏は、縁あって七沢賢治氏をその師と仰ぐことになり、伯家神道のご修行に取り組むことになる。その経緯については本書巻末の椙村氏による寄稿文に詳しいので参照していただきたい。

七沢氏にとってもまた、椙村氏との邂逅《かいこう》には大きな意味があった。椙村氏の専門とする脳波が、言語エネルギーを心身へ作用させる上で重要な鍵であったのだ。その脳波に合わせた周波数（低周波）で電磁波を発振させ、そこに言語エネルギー（言霊）を載せることで、脳へ影響を及ぼそうというものである。

脳波は、β《ベータ》波が13～30ヘルツ、α《アルファ》波が8～13ヘルツ、θ《シータ》波が4～8ヘルツというように周波数ごとに分類されており、周波数が低いほどリラクゼーションや睡眠へ近づき、周波数が高いほど覚醒へ向かうと一般的には理解されている。

だが、脳波は脳におけるシナプス（神経細胞間の接合部位）後部の集合電位であるため、結果的にそれは、異なる周波数の電磁波が複合《ふくごう》波《は》として合成されたものとなる。当然、波形は整ってはおらず、複雑な様相を呈することになる。それを各周波数帯域ごとに解析することで初めて、β波がそこにどれくらい含まれているか、α波がそこにどれくらい含まれているか……といったことが分かるわけだ。

そのような前提を踏まえ、七沢氏は相村氏の助言を仰ぎながら、国際脳波学会の基準に沿って0～50ヘルツの周波帯を9層に分け、各層から言語エネルギーを発振し、さらにそれを一つの複合波として合成するシ

δ2	0～2 Hz
δ1	2～4 Hz
θ2	4～6 Hz
θ1	6～8 Hz
α1	8～10Hz
α2	10～13Hz
β1	13～20Hz
β2	20～30Hz
γ	30～50Hz

国際脳波学会の基準による脳波の分類

ステムを構築した。

七沢氏と棚村氏は、さらに、日本語の一音一音が大脳皮質の誘発電位にどのような変化をもたらすのかを調べていった。

その変化は微妙なものであるため、一音につき10回から１００回程度の試験を行い、その結果を重ね合わせてコンピュータで処理することにより、電位変化に含まれるノイズ成分を除去。その結果、脳に言語エネルギーを入れる際に最適な一音ごとの発振周波数が特定されることになった。

◉――言語エネルギー発生器の誕生

このような過程を経て、言語エネルギーを効果的に脳などに発振させる装置としてシステム化したのが、クイント・エッセンス・システム（ＱＥＳ）である（巻頭カラーページの「言霊解析によるデジタル言語エネルギー理論」図も参照）。

クイント・エッセンスとは「五つの精髄《せいずい》」を表す言葉であり、七沢氏の五階層理論への思いが込められた命名であった。

機器の構成は、言語エネルギーを脳波に共鳴しやすい複合波の微電磁力として発振する本体と、言霊の入ったソフトウェア（ＱＥカード）から成り、後者には目的別にさまざまな種類がある。そのタイトルの一例として、『創造情報』『公響詞』『健康学大全』『十種神寶』などが挙げられるが、そこにどのような文章が書かれているのかは公開されていない。

ただし、『公響詞』に関しては、伯家神道の三種祓、身禊祓、一二三祓、大祓（中臣祓）が収められており、これをクイント・エッセンス本体にセットして発振することは、脳に入りやすい形で祓詞が奏上されるのに等しいという。

通常であれば、口から発せられた言葉は音となって耳に届き、そこから神経を通って脳へ到達し、そこで電位の変化を引き起こすことになるわけだが、クイント・エッセンスはその電位の変化を直接再現して脳へ影響を及ぼす。つまり、より直接的に言語エネルギーを脳へ送り込むのである。

しかも、言葉による微弱な脳波の変化を、クイント・エッセンスではノイズを排除した状態で増幅しているため、その言語エネルギーは人から発せられた言葉よりも強いといえるだろう。

つまり、明瞭でクリアな状態で増幅された言語エネルギーを発振するクイント・エッセンスは、言霊本来の「現実を創造する力」を最大限に発揮しうるのである。

七沢氏は、クイント・エッセンスの発振する言霊の力についてこう述べる。

「適切な周波数で言霊を入れると、本人がその言霊を拒否していたとしても脳に作用します。これを悪用すると洗脳のようになってしまうため、ＱＥカードは私以外の人には作れないようにしているのです。カード内のデータは暗号化されているので、誰かが解析しようとしてもその仕組みは分からないでしょう。

ただ、いずれにせよ、これで人を呪うようなことはできません。本来の生命活動に合うものしか脳には作用しないからです」

クイント・エッセンスの使用法は、受け手が本体の上に手を載せるやり方が基本となる。

◉──クイント・エッセンスの人体への作用

相村憲之氏は科学者としての立場から、これまでクイント・エッセンス・システム（QES）の試験を重ねており、結果、次のような作用を確認したという。

「クイント・エッセンスには、病気を予防し、自然治癒《ちゆ》を促進し、精神を安定させ、トラウマ（心的外傷）を解消する作用があることが確認されています。また、ストレスの解消、睡眠障害・意識障害の改善、認知症の改善、統合失調症の症状の軽減、心身症と心因《しんいん》性《せい》反応の改善、あがり・対人恐怖症の改善などについても、良い結果が出ているのです。

これらの作用は確認された中のほんの一部であり、人の健康に関するほとんどのことに、何らかの改善作用を発揮すると考えていいでしょう」

なぜ、脳に働きかけることで、全身にわたる健康改善作用が現れるのか？　相村氏はこう説明する。

「病気の人は皆さん脳波に異常があります。どのような病気でもそうです。その意味では、脳波の異常こそが病気の原因だといえるでしょう。たとえば、Aという病気の方か

七沢氏の開発したQES（クイント・エッセンス・システム）の装置

らは、『私はAという病気だ』という脳波が出ます。ところが医学者の多くがそのことに気づいていません。昔の脳波計はアナログでしたから、それがはっきり分かりましたが、最近の機械はフィルターがかかっているために、かえってそれが分かりにくくなっています」

さらに、榾村氏は教育分野への応用にも大きな期待をかける。

「人の大脳皮質《ひしつ》は誕生時からすでに１４０億個という膨大な数の脳細胞を有していますが、一般にはその20～30パーセント程度しか活用できないとされています。

知能の発達は、年齢を重ねていくときに、神経の絡《から》み合いやシナプスの髄鞘《ずいしょう》化《か》が生じることで起こりますが、その過程においてクイント・エッセンスが記憶に関する海馬《かいば》等に働きかけることによって、知能や記憶力の改善のほか、創造性の開発や知的障害児・者への教育効果が期待されるでしょう」

教育分野への応用の延長線上に、社員教育、あるいは社員や家族やスポーツのチームなどの一体感を高めることを含めてもいいだろう。

加えて、スピリチュアルな領域に関しても、クイント・エッセンスは一定の役割を発揮しうると梠村氏は言う。

これまで、呪詛《じゅそ》や憑依《ひょうい》現象など霊的な問題の解消や、前世《ぜんせ》療法への応用、クンダリニー（巻末の梠村憲之氏の寄稿文を参照）と呼ばれる霊的エネルギーのコントロールやカルマの解消、宇宙の記憶庫ともいわれるアカシックレコードへのアクセスなどがクイント・エッセンスによって容易となった事例があるほか、人によっては「悟り」をかいま見る体験まであったという。

そのようなスピリチュアルな体験はあくまで主観的なものであるから、その真偽《しんぎ》についてここで確定的なことはいえない。

ただ、いわゆる憑依精神状態となり自分がどこにいるのかも分からないような人が、2、3日間クイント・エッセンスを使うことで我に返ったという事例もある。

◉——クイント・エッセンスの多方面への応用

その後のさらなる試用試験において、クイント・エッセンスは遠隔地にいる人、物にも作用しうることが分かってきた。

受け手を特定する情報をＱＥカードに入れて適切な言霊を発振するだけで、その受け手の脳と細胞に健康へ向かうスイッチが入るのである。

さらに、クイント・エッセンスの作用は人ばかりでなく、動植物や天候に及ぶことがあることも分かってきている。

農業の業界紙、月刊『農業経営者』（農業技術通信社）の記事によると、イナゴが大発生している水田に対し、イナゴが稲の品質や収穫量に影響を及ぼさないようにという設定の下、その水田から遠く離れた七沢研究所からクイント・エッセンスを作動させる実験を行ったところ、実験開始翌日にはイナゴが稲に止まったまま死んでいたという。

比較のために対照区として設定した、隣接する水田では変わったことは何も起きなかったという。これはまさしくクイント・エッセンスの作用であったと考えていいだろう。

さて、ここだけを見ると、人間の都合に合わせてイナゴを駆除《くじょ》したようにも思えてしまうが、実はこの実験の前提として、七沢氏は水田の所有者に次のようなお願いをしていた。

「そもそも、神道の世界には害虫を駆除するという概念はありません。害虫という概念は人間の勝手な解釈に過ぎないわけです。山川草木、禽獣蟲魚《きんじゅうちゅうぎょ》のすべての存在、水田、畑、用水路にいたるすべての場所に神の魂が宿っています。人間はそのすべてと共存共栄していくというのが神道の基本的な概念です。

しかしながら、私たちは人間文化の社会に暮らしていますから、農作物が全滅するような非常事態には駆除もやむを得ないでしょう。とはいえ、やはり常日頃から禽獣蟲魚と共存共栄するための配慮は必要だと考えます。具体的には、農地の近隣に禽獣蟲魚のエサ場を用意したらいかがでしょうか」

おおよそこのような趣旨のことを七沢氏は伝えたという。

その後、この水田の所有者は水田脇の土手一面をエサ場としてそこでソバを育て、また用水路に魚道を造ることでカエルやドジョウの生息できる環境作りを行った。その結果、スズメは稲を食い荒らさなくなり、そのほかの禽獣蟲魚による被害も起こらなくなったということだ。

かつて、雨乞いは天皇の重要な責務であり、言霊の力でそれを成功させることが、天皇の王たることの証明でもあった。そんないにしえの雨乞いを思わせる、クイント・エッセンスによる天候操作は次のように行われた。

先ほど紹介した水田の所有者は、稲刈りの時期を何とか晴れにしてほしいと七沢氏に依頼。天候の操作は安易に行うべきではないという七沢氏の考えから、3日間限定でクイント・エッセンスを作動させたところ、その人の水田のある地域だけが円を描くように雲がない状態となり、そこから少しずれた場所では雨が降っているという信じられないような状況になったという。

ただし、これには後日談がある。

無事に収穫が終わったので、その人物が「もうこれ以上晴れるのは終わりにしてください」と七沢氏に依頼したところ、その翌日から一週間ずっと雨が続いたのだ。つまり、人為的に雨を止めていたことの反動が起きたのである。

その人はそれを目《ま》の当たりにして、自然の動きに対して余計なことはしない方がいいと感じたという。七沢氏が「天候の操作は安易に行うべきではない」と考えていたのも、そういうことだったのだろう。

もう一つの天候操作の事例にも触れておこう。

静岡県浜松市で農業を営むHさんは、クイント・エッセンスに「ビニールハウスが地震、雷、そのほかの災害から守られる」という設定をした。そして、ゲリラ豪雨が起こった際に雨雲のレーダーを見ると、自分たちのハウスを避けるように雨雲が流れていくことに気づいたという。少し離れたところは土砂降《どしゃぶ》りなのに、自分たちのハウスの周囲だけが普通の雨で済んでいたのだ。

このような天候操作に関して、七沢氏は次のように推測する。

「これはおそらく、クイント・エッセンスが地電流《ちでんりゅう》に作用して天候を操作しているのだと思います。地球上であれば地電流がつながっていない場所はないので、理論的にはどの地域のどんな場所の天候であっても操作することは可能だと思います」

病気の改善から、かつての天皇が行っていた雨乞いの業《わざ》まで、これほど多様な応用のできるクイント・エッセンスではあるが、まだまだ改良の余地があると七沢氏は考えている。

また、これまでの経験から、クイント・エッセンスに確かな効果があることは分かっているが、それがどういう原理で作用しているかという理論面が十分に追いついていないため、現時点では、言霊学と伯家神道、そして量子論などを総動員して構築した仮説を検討している段階である。

そこで、完成された「製品」というよりは「半製品」として、必要とする人には実験に参加してもらうような形でクイント・エッセンスを手渡していたという。

◉――ロゴストロン研究所の発足

七沢氏は、クイント・エッセンス・システムで得られた成果をもとに、今また新たな研究を進めている。その一つが音響療法用ベッドの開発だ。

このベッドには、チャクラや経絡《けいらく》、脳せき髄液の循環や内臓機能を賦活《ふかつ》するように配置された特注のスピーカーがセットされており、マットレスの代わりにハニカム構造のゴムシートを用いることで、音圧（空気圧）が直接体へ伝わるようになっている。

スピーカーと体との距離は2・2センチ。これはスピーカーの発する磁気の悪影響を受けることなく、音圧を効果的に体内へ送り込むための最善の距離なのだという。

七沢氏はこのベッドに関してこう説明する。

「このベッドに横になって音を出すと、音が体の中に浸透するのが分かるはずです。体にとても近いところで音圧を当てるので、大きい音も小さい音も関係なく音が体を透過し、普通に音楽を聴くのとはまったく違う感覚になります。

ある演奏家に体験してもらったところ、その人が自分の演奏時に感じるよりもずっと強いバイブレーションを感じられたそうです」

七沢氏によると、このベッドで音楽を聴くこと自体に祓いの効果があり、これを体験したほとんどの人は不眠症が改善してしまうという。また、今後はこのベッドで再生する音を搬送波《はんそうは》としてそこに言霊を載せることによる、音と言霊の相乗作用についても研究を進めていくという。

なお、この音響療法用ベッドの試作品はカプセル型となっているが、今後、普及版を開発するにあたり、オープンタイプにする可能性もある。これが実用化されれば、言霊の応用範囲もさらに広がることになるだろう。

２０１０年2月には、この音響療法用ベッドと、ロゴストロンという新たな言語エネルギー発生器の研究開発を行うべく、七沢研究所と並行して「ロゴストロン研究所」が発足した。

そこでは、既存のクイント・エッセンスの実用研究と普及活動も引き続き行い、これからの時代にあたり、個人の健康と社会の改善、環境問題への対処など、私たちの生きることの地球が抱えている多種多様な問題に対処する活動を行っていくことになるという。

七沢研究所とロゴストロン研究所のある甲府の地において、七沢氏の目は遠く世界へ、そして未来へと向けられているようだ。

次のエピローグでは、七沢氏が実現しようとしている新しいパラダイムとビジョンについて触れることにしよう。

エピローグ――タミの時代に求められる新たな帝王学とは

◉――日本における帝王学の真義

伯家神道はある種の帝王学《ていおうがく》であり、一方、明治天皇が興した言霊学は、天皇の統治のあり方を『古事記』などから読み解くための学問である。

帝王学というと、こと近代日本においては、儒学と西欧帝王学とを合わせたものという印象が強いが、日本の伝統においては、国見儀礼に見られるように、天地自然との交感と言霊の力の行使が天皇の役目とされていた。

つまり、日本における帝王学とは、民を治めるばかりでなく、国津神として象徴される天地自然とのつながりや、天津神として象徴される言霊の使い方といったところまで踏み

帝

テイ　・　タイ
あまつかみ　・　みかど

象形　　神を祀《まつ》るときの祭卓の形。示《じ》も祭卓の形であるが、帝は締脚《ていきゃく》（くくった足）を加え、左右より交叉する脚を、中央で結んで安定した大卓をいう。最も尊貴な神を祀るときのもので、その祭祀の対象となるものをその名でよんだ。（中略）〔説文〕一上に「諦《あきら》かにするなり」とし、〔独断《どくだん》〕にも「帝なるものは諦《てい》なり。能く天道を行ひ、天に事ふること審諦《しんてい》なるなり」とあって、帝・諦の同声をもって解するのは、当時行なわれた音義的解釈である。呉大澂《ごたいちょう》の〔字説〕に、字は花蔕《かたい》の象形であり、そこに万有の始源の意があると解するが、卜文の字形は大きな祭卓の形で、上帝をはじめ自然神系列のものを帝として祀ったもの。

王

オウ（ワウ）
きみ

象形　　戉《えつ》（鉞《まさかり》）の刃部を下にしておく形。王位を示す儀器として用いた儀礼用の鉞で、その遺器と思われるものがある。〔説文〕「天下の歸往《きわう》するところなり」と王・往の畳韻をもって訓し、その字形について、「董仲舒《とうちゅうじょ》曰く、古の文を造るもの、三畫《くわく》してその中を連ね、これを王と謂《い》ふ。三なるものは、天地人なり。而してこれを参通するものは王なり」とし、王は天地人の三才を貫いて、これを統摂するものとする。董仲舒《とうちゅうじょ》説は〔春秋繁露《しゅんじゅうばんろ》、王道通三〕にみえ、その下文に「王者に非ずんば孰《たれ》か能《よ》くこれに當らん」という。〔説文〕はまた「孔子曰く、一もて三を貫くを王と爲す」と孔子の語を引くが、〔説文〕に引く孔子の語十二条は、すべて取るべきものがなく、みな後人の俗説である。（中略）卜文・金文の字形が儀器《えつとう》としての鉞頭の形であることは、疑うべくもない。

（白川静著『字統』平凡社より）

帝、王とは

込むものであったのだ。

ここで、「帝」「王」の語源について考えてみたい。

白川静氏の『字統』によると、「帝」という字は神を祀るときの祭卓の形の象形であり、「王」という字は王位を示す儀礼用のマサカリであるとされている。すなわち、いずれも宗教的儀礼がそこには関係しており、その観点に立つならば、伯家神道が伝えてきた日本古来の帝王学こそが真に正統の帝王学であるといえそうだ。

そしてそれは、プロローグで述べた、いにしえの「王道」でもある。

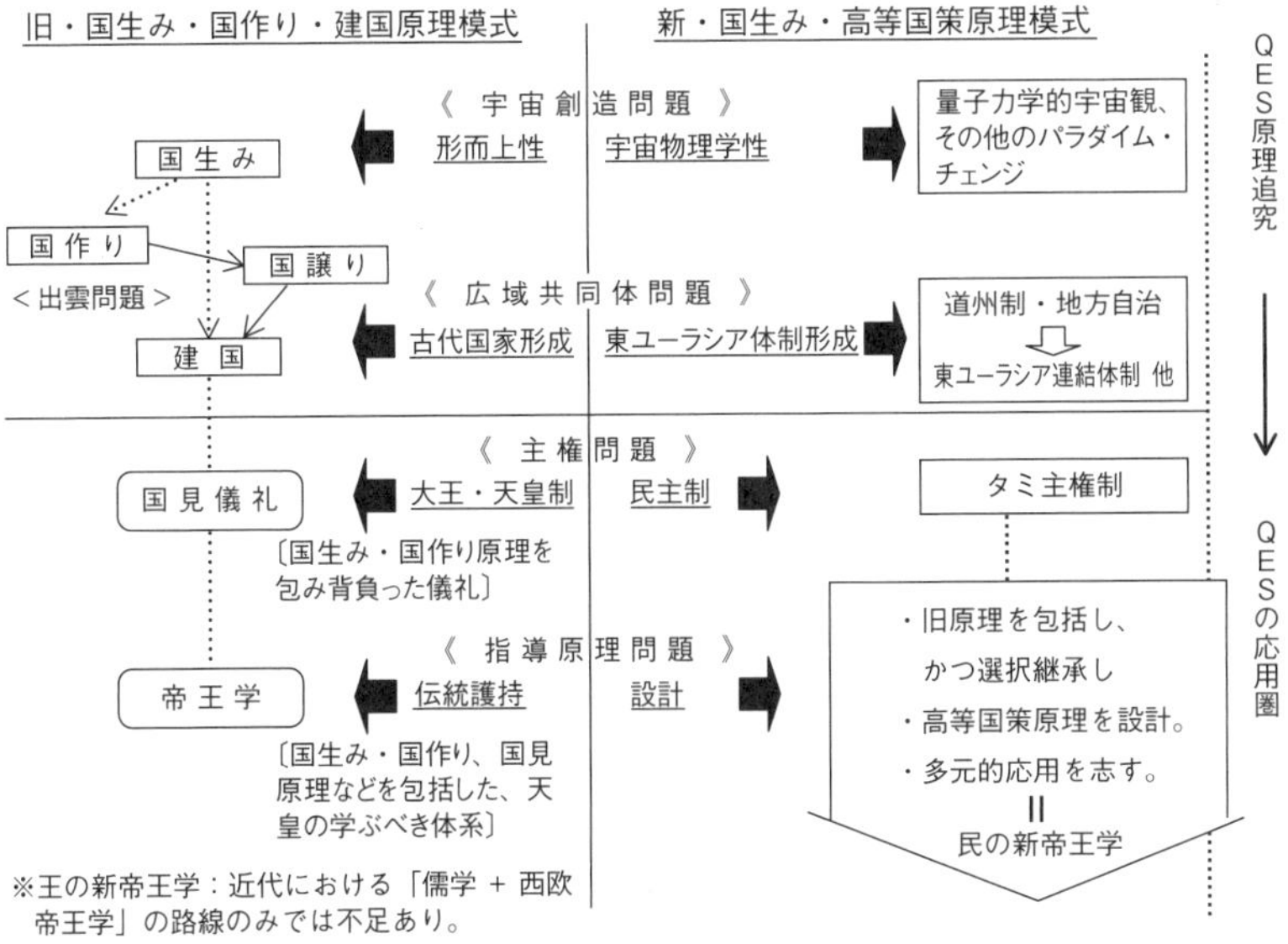

旧・新帝王学の包括原理模式

だが、天皇が実際に統治を行うわけではない。民主主義のこの時代にあって、そのような帝王学を私たちはどう捉えればいいのだろうか？

ここまでお読みいただいた方ならお分かりのことと思うが、国家の主権が「キミ（君＝天皇）」から「タミ（民＝民衆）」へと委譲《いじょう》された現代日本においてなお、言霊学と伯家神道の伝える統治の原理はおおいに有益であるというのが、本書の一貫した主張だ。

このエピローグでは、ここまでの本書の内容を振り返りつつ、その情報をどのように各自が役立て、また新時代のパラダイムとして社会に還元していくかということについて、七沢氏が提唱するそのビジョンに迫ることにしよう。

◉——言霊学と伯家神道の位置づけ

まずは、言霊学と伯家神道について、その概要をおさらいしておきたい。

ユーラシア大陸の東端に位置する日本は、その地政学的な特長から、世界各地で生まれた太古からの文化遺伝子を現代にまで蓄積・継承・保存してきた。

1万年を超えて埋蔵されてきた、その豊穣な知的・霊的資源への入り口となりうるのが日本語であり、現代語のもとになった古語、さらに古語のもとになった上代語（上代和語）にまでそのルーツをさかのぼることで、古代の日本文化、精神性、祭祀などを総合した「古層和語圏」にアクセスすることができる。

そして、その「古層和語圏」へのアクセスはまた、日本の直面する国際的な諸問題を打破する一つのきっかけにもなりうると七沢氏は言う。

「今、日本は『アメリカ化』という形で解体される一方で、『中国化』までもが進行しています。この二重亡国化《ぼうこくか》を食い止めるには、古層和語圏との再連結によって独自の精神性の道を選ぶことが必要です。それは、二重亡国化に対抗するための、小さいけれど最終的な精神的拠点となるでしょう」

言霊学は、その「古層和語圏」へのアクセスを意識的に行う試みである。

それは、日本語を構成する各音の持つ潜在的意味や日本人の精神性・霊性とのかかわりを、言語エネルギー（言霊）として把握しようとする体感的な学問であり、そこに精通することで、理想的な心のあり方や他者との接し方などが、ある種の行動規範として日本語の五十音から立ち現れてくるのだ。

その意味では、クイント・エッセンスによる言語エネルギーの発振は、そのまま「古層和語圏」へのアクセスとなり、実践倫理行動規範が受け手の精神圏に立ち現れることを促すものだといえるだろう。

ある脳性マヒの青年がクイント・エッセンスによって精神不安を改善させた事例があるのだが、彼は手記に「クイント・エッセンスは、世の成り立ち、人としてのあり方を僕に指し示してくれた」と記している。

これは、本人が意識する、しないにかかわらず、言語エネルギーの発振は受け手の脳へ「人が本来持つべき行動規範」を伝達するという好例であろう。

さて、言霊学では『古事記』、中でもその創世神話の解釈を重視する。

今この瞬間である「中今《なかいま》」において宇宙は絶えず創造される、というのが言霊学における『古事記』の理解であり、『古事記』と五十音には、無から有を生み出す仕組みが組み込まれていると考える。

そして、その仕組みを言語エネルギーとして意図的に活用するなら、天地自然と感応して祈りを叶えることも可能である。つまり、自分自身で現実を創造できるのだ。

一方、世界各地から伝わり、1万年を超えて埋蔵されてきた豊穣な知的・霊的資源を現代に伝えるもう一つの伝統が、宮中という特異な場において、比較的純粋な形で伝承されてきた伯家神道である。

その伯家神道の行法（ご修行）では「神をつかみ、神を食べる」というように、神を直接的に体感し、明瞭で客観的な意識を保ったまま神と交信することになる。それは人間的なエゴに左右されることのない脳の高次機能の活用でもある。

かつて、そのような神との交信は国の政《まつりごと》に直結していた。古代の国家において、それは当然のことであり、前述の通り、政《まつりごと》とは「祀りごと」でもあった。「帝」「王」の語源が宗教的儀礼と関係するのはそのためである。

そのように、国家公用の神事を立てるというのが本来の伯家神道の役割である以上、それは「公《おおやけ》」のために利用するという目的でしか、使用してはならないものと考えるべきだ。ならば、タミ（民）である私たちがその考え方を知る、あるいはそれを行じることの意義はどこにあるのか？

七沢氏はこう語っていた。

「十種神宝《とくさのかんだからの》御法《ごほう》の初期段階で遠津御祖神《とおつみおやのかみ》と一体になることで、伝統的な先祖崇拝を、現代科学におけるＤＮＡの知見とのつながりにおいて理解できるようになります。また、国津神を迎えることは、環境と人間が一致するということですから、それによって自分自身の体のように環境を感じられるようになり、環境破壊を自身の痛みとして捉えることになります。これは古い民族が本来培《つちか》ってきた感覚であり、環境問題の根本的な改善へつながる意識だといえます。

その上で、今度は言葉によって人間存在を自在にコントロールするというテーマが現れます。これが言霊（言語エネルギー）であり天津神の世界です。そこに、哲学の問題、矛盾論、実践論、存在論が出てくる。そしてその先に豊富な発想で宇宙と存在をデザインする量子論があり、宗教における創造論があるといえます」

これらを踏まえて、「神を手でつかみ、神を食べる」ということだ。そして、そのようにして神と一体になるとき、人は自らの宇宙の創造主となる。

◉——新・国生みの模式

七沢氏は、伯家神道の伝える統治の原理の背景に、九階層からなる「創造意志情報」があると説く。

「創造意志情報とは、宇宙創造から、時空間エネルギー、言霊、水、生命、古い時代の祭司育成の原理や体系、アジアにおける伝統的な身体エネルギー体系、生理学的な細胞体系……などの要素を統合した原理をイメージ化したものです。

このような世界像の中で分類された要素を運用して、宗教、哲学、科学が興ってきたと考えてもいいでしょう。それは、日本の古代哲学も例外ではありません。また、それがある段階では王権の原理に応用されました。王は司祭たちの統括者のような形で政治を司る存在であり、天地九界に呼応貫徹してこそ真の王であるとされていたからです。

伯家神道のご修行においては、この九要素の階層がことごとく体感的であり、実感的です。キミ（天皇）に関与する神祇官もまた、天地自然の構成要素と感応して、それを統合することが求められていました」

七沢氏の説明から、「創造意志情報」には時代や国を問わない普遍性が備わっていると考えてよさそうだ。

そして、その全体を現代的な視点で俯瞰《ふかん》すると、21世紀の新たな神話像の素描《そびょう》が見えてくるだろう。

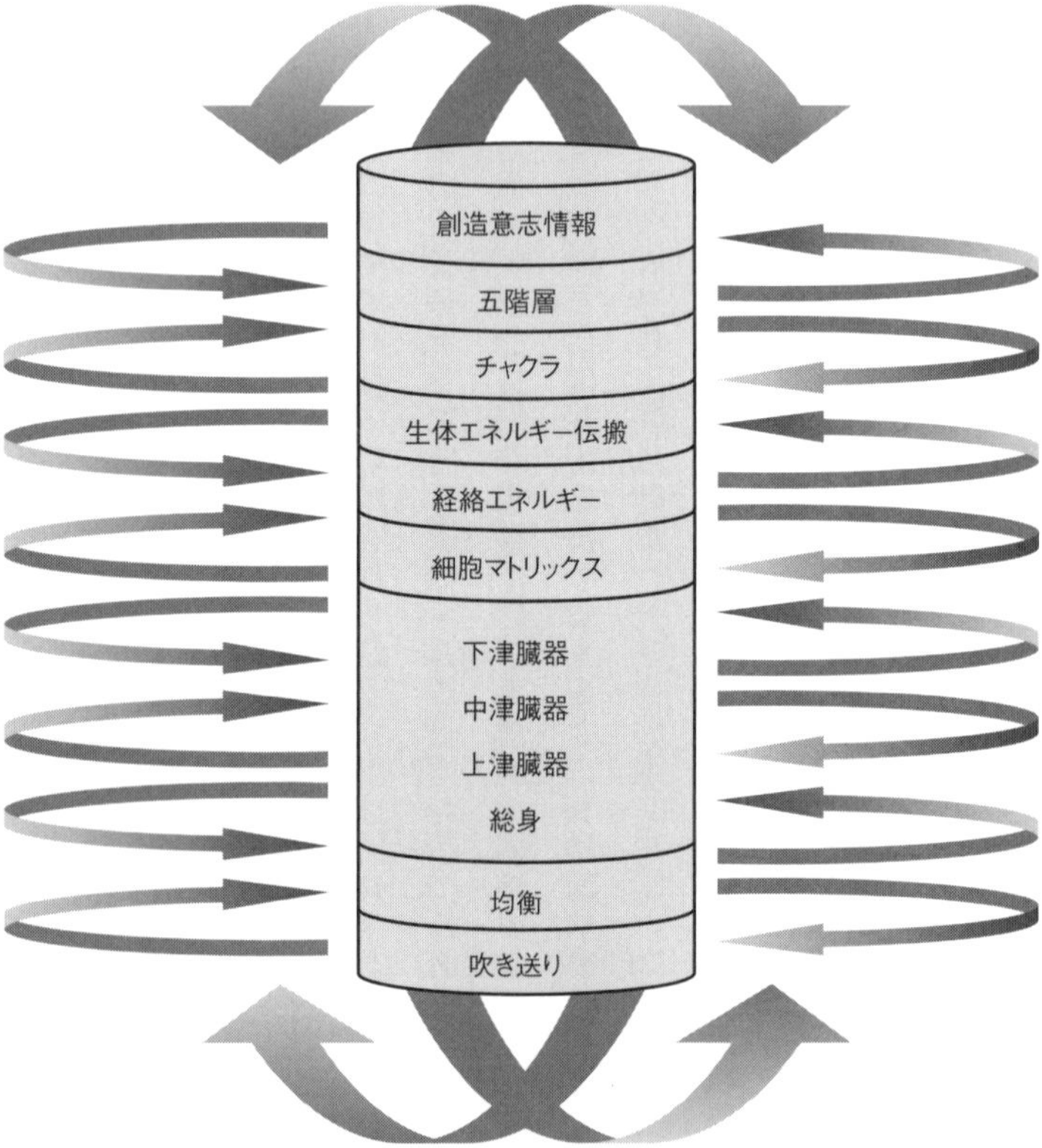

創造意志情報の展開

創造意志情報という、宇宙創造から、時空間エネルギー・言霊・水・生命・人間存在などにいたる展開の原理イメージ。いわば究極の時空展開相をたどる、21世紀版の「神話像」の素描である。

七沢氏はまた、この「創造意志情報」を、クニ（国）とタミ（民）との新たな関係を指し示す「新・国生みの模式」に関連するものと見ている。

ここで、七沢氏の展望する「新・国生みの模式」について説明しよう。

まずは、「クニ」という言葉について。

現代語では国家や故郷がその主な意味となるが、古語においては、土、泥、大地、州、境界などの意味があった。おそらくは、クヒ（杭）、クナト（境界の神の名）などがその語源となっているのだろう。

クニという言葉に関しては、先述の天皇による国見儀礼もその理解の助けとなりそうだ。天皇が高い山に登って国土を眺め渡し、秋の豊穣を前もって祝う言霊を発するこの儀礼には、伊邪那岐神《いざなぎのかみ》と伊邪那美神《いざなみのかみ》による国生み（国土創世譚《そうせいたん》）の名残が見られるからである。

中今における創造という観点に立つなら、国生みは太古の昔に起きたことではなく、今この瞬間にも起きており、天地自然と感応しつつ、言霊の力で国生みを行うことこそが、かつての天皇の役目であったといえよう。

以上の理解を踏まえた上で、「新・国生みの模式」に迫ってみる。

次ページに示す国生みの模式図について、七沢氏はこのように解説する。

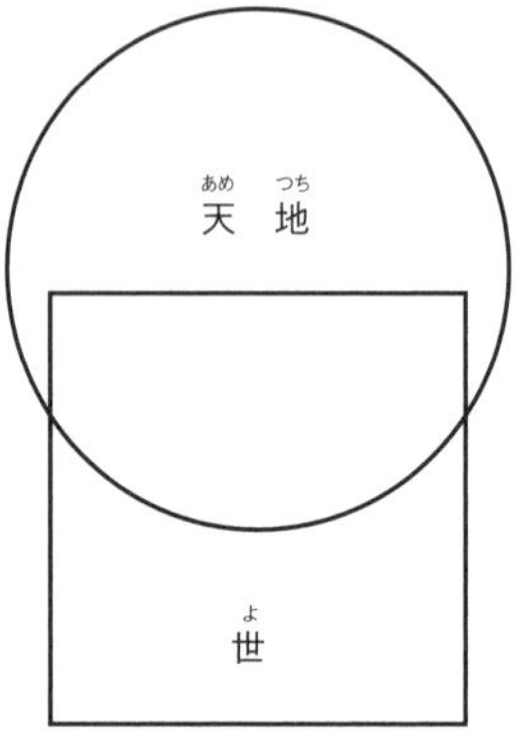

新・国生みの模式1

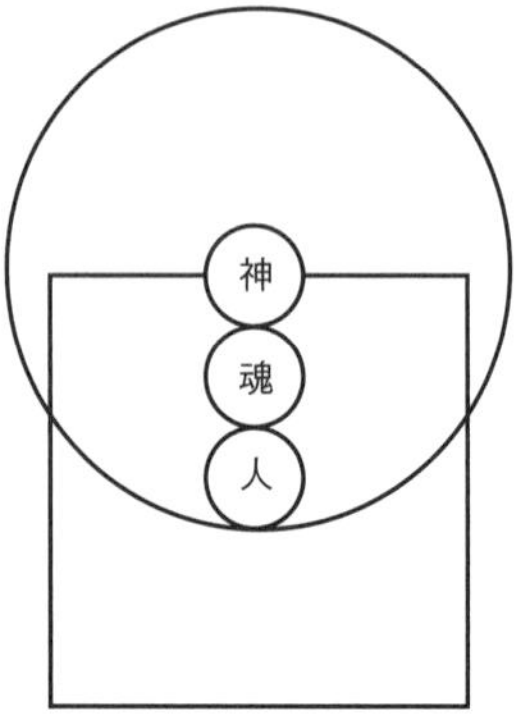

新・国生みの模式2

「上の図で『天地《あめつち》』となっているのは究極の根拠としての宇宙であり、神話にいう高天原にあたります。そして、『古事記』では、その中心に天《あめ》之《の》御《み》中主神《なかぬしのかみ》という核があると考えます。

一方、『世《よ》』とは、時間と空間を伴うこの世界のことです。ここに、神聖な原理・機能・力としての『神』と、『魂《たま》』、『人』という三層の働きを重ねると、その左の模式図のようになります」

さらに、七沢氏は続ける。

「そのような構図において、人とはそうした場の働きを折り込んで包み込んだ、階層的な存在ではないかと私は考えます。そして、ここでいう『新・国生み』とは、人を開き、魂が働き、それが神聖な原理としての『創造意志情報』に感応し、世に良き思いが広がり、道が開かれ、天地宇宙の核としての天之御中主神《あめのみなかぬしのかみ》へとつながっていく……そうした業《わざ》であると思われるのです」

そのような国生みは遠い過去ではなく、今この瞬間にも起きている。

そして、それは現在ではキミ（君）の業《わざ》ばかりではなく、万人に開かれた業《わざ》となっているのだ。だからこそ、それは「新・国生み」と呼ばれるのである。

◉——タミが主役となる時代の生き方

孝明天皇が高濱清七郎を都から脱出させたことは、結果的に、それまで天皇家が独占していた伯家神道に基づく日本独自の帝王学の民間への開放につながった。あるいはそれは、この国の危機を救わんとされた孝明天皇の意志であったのかもしれない。

七沢氏は、〈カミ（神）〉—〈キミ（君）〉—〈オミ（臣）〉—〈タミ（民）〉という社会構造において、現在はまさにタミ（民）が主役となり、タミ（民）がカミ（神）と直接つながる時代になってきていると指摘する。

このことを理解するには、古代の祭政原理にまでいったん立ち返る必要があるだろう。それを示した次の模式図を見てほしい。

この図は最古代の祭政原理を示したものであり、カミ（神）とキミ（君）のつながりが矢印で示されている。

それを媒介する神司《かんづかさ》（ハフリ）は、カミ（神）の力をキミ（君）に受霊放射する一方で、キミ（君）の穢れを吸収し異界（根《ね》の国・底《そこ》の国）に送り、それを転移させてカミ（神）に還元することになる。

古代史的にいえば、ハフリはおそらく弥生時代的な祭司王、審神王《さにわおう》、国主《くにぬし》といった存在の名残を示している。記紀が成立した律令時代には、すでに地方の下級神官的印象に落とされているが。

「ハフリは、いろいろな意味を持つ古語であり、祝《はふ》り、放《ほう》り、葬《ほうむ》り、屠《ほふ》りの意味を持ちます。一見すると矛盾する意味が並びますが、それらは、未分化の根源的な語義を示唆していて興味深いものです。動詞形のハフルは、『端《は》を振る』意味が原義としてあり、顕の世界と幽の世界をまたいでエネルギーを転換する原理を示すものと考えられます」

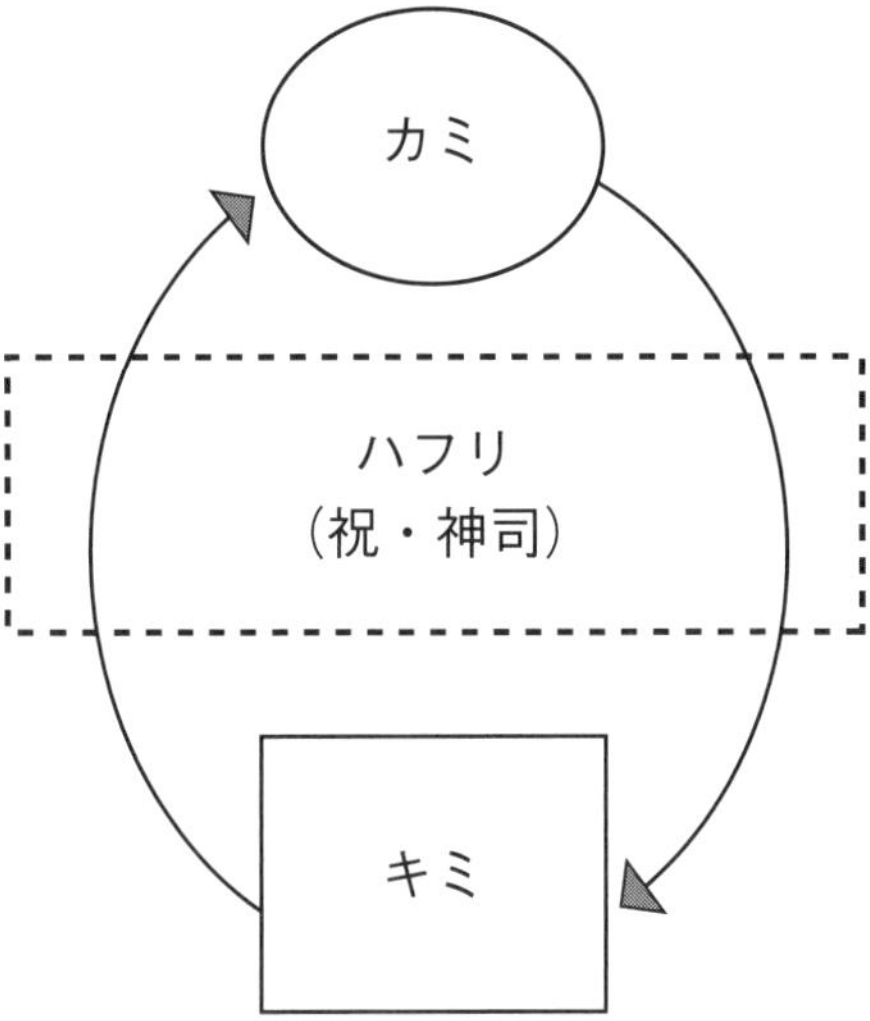

カミ・キミをつなぐハフリ（祝）模式

と七沢氏は説明する。

ハフリという語は、皇子が皇太子に推《お》されたり、皇太子が天皇となるための伯家神道の行法「祝《はふり》の神事」や、神職名としての「大《おお》祝《ほうり》」に残っていることにも注目してほしい。

次ページの図は、大王《オオキミ》制における祭政原理である。

ここでは、神司《ハフリ》の位置はオミ（臣）として位置づけられ、役割分担としてナカツオミ（中臣）とイミベ（忌部）に分かれる。なお、この模式は、必ずしも古代史

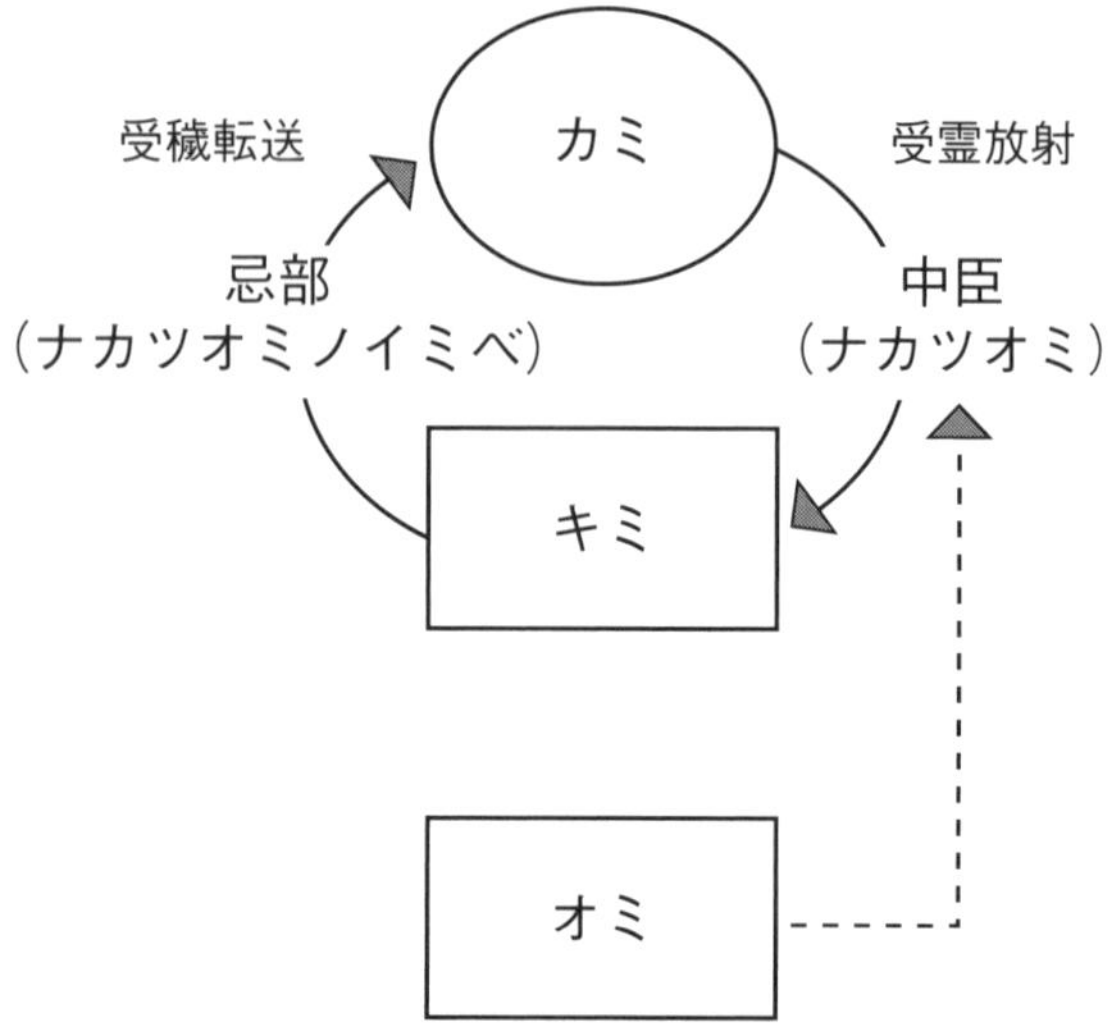

中臣・忌部の模式

における同名氏族の出自とは一致しない。

この場合、中臣とはオミの立場でありつつ、カミ（神）とキミ（君）を媒介する特殊な「ナカ（中）ツ（の）オミ（臣）」を意味し、忌部とは「ナカツオミノイミべ」の略で、イミ（忌）を異界へ送る業《わざ》を指すと考えればいいだろう。

中臣は、カミの力をキミに中継ぎする役で、受霊《じゅれい》放射を行う。忌部は、キミが背負われるオミやタミの罪・科《とが》・穢《けが》れを吸引して送り、最終的には転移させ、神界に戻す役で、受穢《じゅえ》転送を行う。

このことは大祓にも関係すると七沢氏は言う。

「大祓は『中臣祓』ともいわれるように中臣氏に由来するものであり、神司《かんづかさ》（ハフリ）の世界の原則をそこに反映しています。穢れの文言を執拗に述べた一節にその痕跡が見られるのです。

カミ（神）の力をキミ（君）に受霊放射することと、キミ（君）の穢れを異界（根の国・底の国）に送ることは対になってこそ、一貫性を持ちえます。これは儀礼の持つ力の根本原理だといえるでしょう」

ちなみに、次に示すのは戦前・近代の国家原理である。

ここでは、カミ（神）に包括《ほうかつ》されたキミ（君）は、垂直にオミ（臣）とタミ（民）の統合たる国民にかかわることになり、そこに神司的な媒介者は介在しない。

この構造は形式上は現在まで続いているが、第二次世界大戦後、政《まつりごと》の主権はタミ（民）へと移っている。21世紀に入り、その傾向はますます顕著であり、日本古来の帝王学の知と力と技を、タミ（民）の名のもとに新たに背負い、タミ（民）は時代創造の鍵と

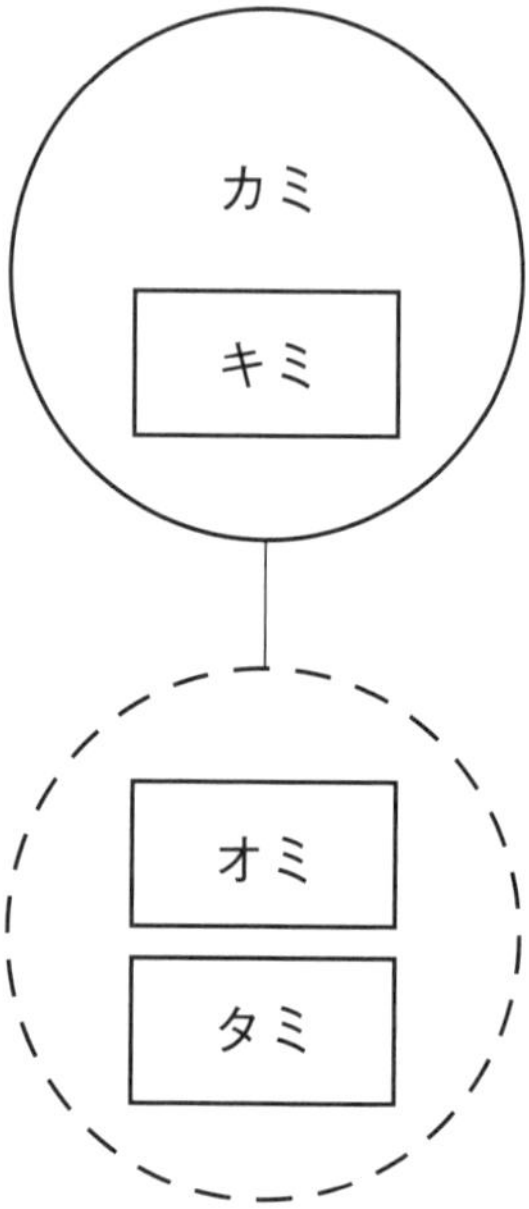

一君万民型国体模式

なり始めている。

これについて七沢氏はこう述べる。

「共産主義は、タミ（民）が抱いてきた千年単位の遺恨《いこん》によって、カミ（神）、キミ（君）、オミ（臣）を壊滅《かいめつ》させんとする思想でしたが、そのような遺恨からは、新たな時代を創造する知と力は生まれません。むしろ、タミ（民）は、旧時代の国生み（統治原理）のエッセンスを学び、それを巧みに応用すべきではないでしょうか」

最後の模式図（左図）は、これまでとは違う視点から、カミ（神）、キミ（君）、オミ（臣）、タミ（民）の関係を捉え直したものである。

ここでは、タミ（民）の中にすべてが内包される表現となっており、私たち一人一人が自らの現実の創造者として「国生み」をし、キミ（君）、そしてオミ（臣）として、現実

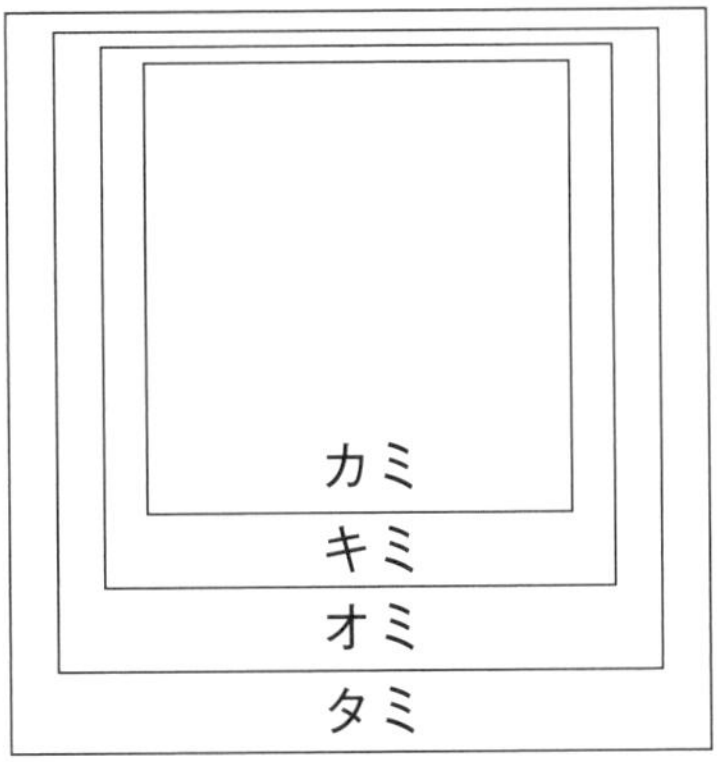

社会における統治のあり方を考えなければならないということが示されている。

それは個人にとって、あまりに大きな課題といえるが、日本古来の帝王学としての言霊学と伯家神道、そしてクイント・エッセンスの存在は、タミ（民）が主役となる時代の生き方について明瞭な指針を与えてくれることだろう。

●――２０１２年には何が起きるか

言霊学と伯家神道はこの時代においてどのような新しいパラダイムを提示し、具体的には何をなしうるのか？

七沢氏は、2012年から2014年にかけてパラダイムが大転換し、その後、50年から100年ほどをかけて細かいところを修正していくことになる、と述べていたが、これは奇しくも、マヤ暦における約5125年周期の長期暦の終わりの時にも重なる。

そのときに、アセンション（次元上昇）という出来事が起きると主張する者や、人類滅亡の危機が起こると言う者などもおり、いずれにせよ、何か大きな変化が起きつつあることを肌で感じる人々が多いように思われる。

また、伯家神道の「祝《はふり》の神事」を欠く御世《みよ》が100年続くと日本の国が滅ぶ、という予言が言い伝えられているともいわれる。それがちょうど2012年にあたるとして一部で話題になっているようだ。

このことについて七沢氏は次のように述べる。

「伯家神道には予言のようなものは一切なく、そのような話を高濱先生から聞いたこともありません。そもそも、『中今』という表現に見られるように、伯家神道には時間の概念がなく、永遠の今があるだけです。そこに終末観はなく、私自身も終末の到来などは信じていません」

ただし、2012年に意識の急速な拡大が多くの人に起きてくる、とも七沢氏は言う。

その拡大とは具体的にどういったものなのか？

「（第4章で紹介した）構文の五階層とは、自己と他者との関係を客観的に捉えるものでした。そして、私たちはそれと同じやり方で、自己と地域社会、自己と自然環境、自己と地球との関係を客観的に見ていくことができます。そのように、客観視の対象が広がっていくと、やがて普遍的な原理が見えてくるでしょう。これが私の言う『意識の拡大』です」

七沢氏によると、そのような意識の拡大における客観視の対象は宇宙にまで及ぶという。

今後、ミクロの世界においては、遺伝子の97パーセントを占めるジャンクDNAの謎が明かされるであろう。そして、それによって人類は必然的に、自己と宇宙との関係について客観的な認識を迫られるというのだ。

さらには、この世界を裏から動かしている権力構造の暴露など、これまで隠されてきた情報が明かされることにもなるという。

そのような流れは、人類の意識の拡大と呼応し合う形で加速していくが、そのときに、重要な働きをなすのが日本だ。

どうやって日本はその重責を果たすのか。

第一のヒントは、西洋文明の精神史において中核的な働きをなしてきた一神教の多くが終末観を持つことにある。

一神教においては善と悪の対立概念が教義の中心となっており、その考え方は一神教の下に育まれた現代科学や西洋医学にも受け継がれている。

がん治療でたとえるなら、自然治癒力を高めて対処しようとする東洋医学に対し、西洋医学では、手術による切除のほか、放射線や抗がん剤によって病巣を徹底的に叩くといった対立姿勢の治療を行うのが一般的である。これを人間の世界に当てはめると、「覇道《はどう》」となるだろう。宗教戦争の多くを一神教が引き起こしているのも納得のいく話だ。

一神教の終末観は、神に対立する「悪」を打ち倒す戦いを示唆するものであると同時に、神に近づかんとする人間に対する鉄槌《てっつい》でもある。

その教えでは、唯一絶対の神がすべてを創造するのであり、人は神によって作られた被《ひ》造物《ぞうぶつ》でしかない。そのため、人間による文明が進化して神の創造の領域へ近づいていくと、その文明そのものを崩壊させないことには、つじつまが合わなくなってしまう。

一神教が終末観を持つのはそういった教義的な必然性ゆえのこと。ここで問題となるのが、一神教の影響下にある西洋の国々が大きな政治的・軍事的パワーを持っていることである。彼らは、人類を滅亡させるのに十分な核兵器を保持しているのだ。

この状況において一筋の光明となりうるのが、本来の日本的な精神である。

日本には古来、「ことむけやはす」「しろしめす」といった考え方がある。これは、できるだけ現実に沿っていくという生き方であり、一神教的な対立姿勢とは正反対のあり方だといえよう。

また、日本古来の霊的・知的資源の精髄ともいえる伯家神道では、一人一人が神として自らの宇宙を創造していると説かれており、それは修行によって誰もが体感できるという。これは一神教の価値観から大きくかけ離れたものであり、神と人が対立することもないため、文明を崩壊させる必要もなくなる。つまり、一神教的な終末観に対する、ある種の解毒剤となりうるのだ。

第二のヒントは、一神教的な終末観に影響を受けた西欧のSF映画の中に隠されている。それら映画の多くは機械が人を支配する世界を描いているが、これは人間のコントロール外のところで事態が進んでいき破滅へ向かうということを象徴している。

七沢氏によると、このような終末イメージが根付いているのは、人の意識や主体性が客観的に確立されていないことに原因があるという。

「それを確立してきたのが日本人――日本語を話す民族です。戦後の日本が高度経済成長を果たせたのは、モノ作りにおいて『誰が使っても、いいと思えるモノ』を作ることができたからでしょう。つまり、日本人は客観性のあるモノ作りができるのです。そのような客観性を深めれば、それは絶対的な論理となり、絶対的な論理はいわば神のような存在となります。日本は世界にそのことを提示できるのです」

七沢氏は、日本以上に、自然科学を基礎にした発想を国民が平均的に受け入れている国はほかにないという。そして、その客観性によって培われた科学技術は今後、主に環境分野などで世界に貢献することになると予測する。

そのような日本人の客観性はどこに由来しているのか。

伯家神道に伝わる天皇の行「御鏡御拝《みかがみぎょはい》」では、天皇は鏡に映った自分自身を礼拝する。これは自分を客観視する方法であると同時に、日本人の特性を示すものであるといえよう。日本人は客観性のある文明を築き上げ、近代においては客観性のある科学を発達させてきた。そして今、その特性が人類意識の拡大に役立つときがきているようである。

つまり、完全に行き詰まってしまった西洋文明と、「神秘」と「王道」が息づく本来の東洋文明の精神とを融合し、新しい文明を生み出すために、その客観性が求められるのである。

「そのときに五階層の構文の要領で物事を考えることが重要になってきます。もちろん、そのためのトレーニングは必要ですし、間違うこともあるでしょう。しかし、間違いつつも階層的に客観視を進めることで、絶対論理へと近づいていけます」

2008年秋に起きた世界金融危機は、客観的な実体のないマネーゲームが招いたものであった。そのような経済活動を見直すためにも、私たち日本人が率先して客観性の対象を広げ、普遍的原理や絶対論理へと意識を拡大していく必要がある。

——それが七沢氏のメッセージである。

◉——これからの1万3000年を創造する

そのような意識の拡大とは別に、自然の大きな循環として地球に大きな変化が起きて、文明がリセットされる可能性もあると七沢氏は考える。

約1万3000年前に起きたカタストロフィによって、それまで高度に発達してきた文明（先史文明・超古代文明）が滅びて、その後に現在私たちが知るところの文明（四大古代文明）が興ってきたという説については、考古学的物証が数多く存在している。そのカタストロフィは周期的なものであり、一説にはその周期は約1万3000年といわれる。

つまり、2012年かどうかは別として、近い将来、地球に何らかの大きな変化が起きる可能性は否定できないということだ。

「その変化はポールシフト（地球の自転軸の急速な移動）によるものでしょう。世界中に存在する洪水伝説はその名残です。ポールシフトが起きた場合、ヨーロッパでは凍ったり溶けたりを繰り返すだけですが、アジア地域では陸地の水没と隆起を繰り返すことになります。日本には、八ヶ岳や飛騨高山の高地に遺跡が残っており、前回のポールシフトの生き残りがそこに存在したことが分かります」

そのような大自然の循環に、私たちはどう対処すればいいのか。

「地球の核にある生命体を伯家神道では国底立神《くにそこたちのかみ》といい、それを鎮魂することは天皇の役割でした。そもそも国家公用の神事をたてることが本来の伯家神道の役割であり、国の災厄を事前に察知して、それを未然に防ぐために祓をしていたのです。火山が噴火したからそれを鎮めるというのでは遅いのです。

そして、ここ甲府は、30〜35キロの圏内に日本のたくさんの高山の山頂が入るという地です。さらに、この真下は、太平洋プレート、フィリピンプレート、北米プレートがぶつかってマントルへ沈みこんでいく地点でもあります。そのため、地球の核に向けて国底立神を鎮魂する言霊を発振するには、最適な場所だと考えられます」

現在、七沢氏は、なるべく多くの人が生き残れるように、クイント・エッセンスによって地球の核へ向けて言霊を発振しているという。

このように、2012年問題については、七沢氏は終末説のような考えは持っていない。だが、そう遠くない将来に人類全体の意識の拡大と新しいパラダイムの展開があり、そのときに先ほど説明した「新・国生み」の視点が要されることになるだろう。

「自然の大きな循環と人間の意志のエネルギーがどう作用し合うのか。自然の循環が突きつけてくる困難を、人間の発する『創造の意志力』でどう乗り越えるかということが、私たちの考えるべき最大の課題になってきます。

この1万3000年という遠大なタイムスパンにおいて、人間はどの方向に進化すればいいのかを考えてみましょう。人として適切な寿命の長さや、言語でコミュニケーションすることの意味などを改めて考え直してみて、新しいパラダイムを自ら創造するのです。それによって人類はより良い方向にも行けるし、あるいはその逆の方向にも行けます。そのようにして、定期的に人間の意識の帳尻合わせを行っていかないと、人類は生き残れないでしょう」

当たり前のことだが、そこで到達した新しいパラダイムを新時代の推進原理として働かせるには、諸制度や国策、外交分野、教育分野などにおける新しい試みと統合がなされなければならない。

それを踏まえた上で、七沢氏のビジョンは地球規模の国策に及び、創造意志情報に基づいた設計に沿って、文明と環境、人口・生活問題、資源・エネルギー問題を統合すべく、問題提起を行っている。

だが、いずれにせよそれは、最終的に個人個人で考え、自らの新たな現実として創造すべきことだ。

「新しいパラダイムとそれに基づく新しい国生みは、結局のところ、人々の意志と合意選択によるものです。これが変革の時代における推進力の鍵となります。これから、それが大きな規模と重みで、一人一人に厳しく問われてくることになるでしょう」と七沢氏は語る。

言霊学と伯家神道は、その世界規模での「新・国生み」を導く指標であり、新世界創造の原動力となることだろう。

——そしてそれは、人類史に新たな一ページを刻むことになる。

［特別寄稿］

おみちの道は天の道——言霊世界の体現

山梨大学名誉教授　椙村《すぎむら》憲之

かねてより、ソクラテスの説く「無知の知」を任じてきた私でしたが、今さらながら、これほど「知らない」ということを自覚させられたことはありませんでした。

神道と聞くと、冠婚葬祭や初詣《はつもうで》、はたまたお宮参《みやまい》りなどの儀式くらいしか頭に思い浮かばないのは、一人私だけではないでしょう。私を含めて、多くの日本人の神道に関する知識がこれほど貧弱になってしまったのには訳があります。

明治維新の後、神道国教化政策により、神社神道を皇室神道の下に国家神道として再編成し、宗教性や霊性を除外した儀礼的なものにしてしまったため、今日《こんにち》世に知られている神道は、かくも形骸化《けいがいか》されてしまったのです。

しかも、これに追い打ちをかけるように、第二次世界大戦に大敗したわが国へアメリカのマッカーサー元帥《げんすい》率いるＧＨＱ（連合国最高司令官総司令部）が進駐してきた際に、あたかも神道が戦争犯罪者でもあるかのように文献という文献をことごとく焼却してしまったということにもその一因があったのです。かつて日本の同盟国であったドイツの友人たちが、やはり同じように街の角かどで黒煙《こくえん》が昇り、多くの貴重な文献が灰燼《かいじん》に帰してしまったと嘆息混じりに語ってくれたことがありました。

改めて申すまでもなく、戦争とは、人々の生命だけでなく、愛や平和、そしてその国の文化遺産や貴重な知的財産までも破壊し尽くしてしまう、かくも野蛮で極悪非道な残虐行為なのです。それはさておき、明治維新以前の神道、いわゆる古神道《こしんとう》とはどのようなものだったのでしょうか？

古神道とは、仏教や儒教などの影響を受ける以前のわが国固有の神道《しんとう》――いわゆる「惟《かん》神《ながら》」の道――であり、遠く縄文時代から連綿と受け継がれてきた日本古来の霊性開発システムであるといえます。

ここでいう惟神《かんながら》の道とは、人間の霊性を刺激し、自然界に偏在する八百万《やおよろず》の神々のすべてと一体化する修行体系を指します。

また、古神道では、言葉そのものに霊的パワーが宿るとして言霊を重要視し、独自の「言霊行」を伝承してきました。

私がかつて修行した道家《どうけ》気功でも、すべての言葉は陰と陽の二気から成り、人は言葉の意味、すなわち陰を左脳で捉え、言葉の音、すなわち陽を右脳で感知すると解釈し、右脳で感知する言霊を重要視しています。

さて今日、巷で古神道と呼ばれているものには、伯家神道、吉田神道、物部神道、両《りょう》部《ぶ》神道、山蔭《やまかげ》神道などがありますが、中でも伯家神道は、古神道本来の家元そのものともいえるでしょう。まずは伯家神道のご修行について、私の体験からお話しすることにいたします。

伯家神道のご修行は「おみち」とも呼ばれ、明治維新まで800年間もの間、主に口伝《くでん》によって伝わってきました。そのご修行内容や体験は個人によって異なり、知れば知るほど奥が深い「おみち」の全貌を文字にして表記することは恐れ多く、ほとんど不可能に近いことだともいえます。また、私にはその資格もございません。

しかし、「おみち」のご修行の後に、審神《さにわ》していただいた七沢先生からその都度、種々の教えをいただけますことは、私にとりましても最も楽しみな一刻です。

七沢先生の恩師・高濱浩先生は、孝明天皇の信任厚かった伯家神道最後の学頭・高濱清七郎の曾孫《ひまご》にあたります。今日、われわれが七沢先生から直々《じきじき》に授けていただける「おみち」のご修行は、まぎれもなく歴代天皇が真の天皇になるためになさった祭祀そのものです。

私が七沢先生に教わったことで最も印象に残っている言葉は、「神をつかむ、神を食べる」といった高濱浩先生の単純にしてきわめて明快な教えです。また、「おみちは神が修行する」とも申されました。すなわち、伯家神道の「おみち」は、人の体と一体になった神が修行する神人合一の秘儀なのです。

いずれにせよ、少なくとも「おみち」の最中に自分はおりません。神が神代《かみしろ》となったわが身を使ってご修行する神事なのだということをつくづく感じます。

葉っぱがあり、枝があり、根っこがついている創造物を「木」と称し、瓦《かわら》が載り、柱が立ち、壁、床、畳などからなっているものを「家」と呼んでいるように、人間もまた、皮膚や骨や細胞の寄せ集めであって、それらを一つ一つ分解してしまえば、誰が見てもはや人とはいえません。

われわれは、そんな単なる部品の寄せ集めに過ぎない身体を「自分」だ、「私」だ、と勝手に思い込んでいるのであって、あるのは注連縄《しめなわ》のまかれた杉の木と同じように、神、すなわち言霊が存在するだけであり、そこには最初からほかの何ものもいないのです。

山梨県甲府市にある七沢邸の八畳間で執り行われる「おみち」には、伯家神道独特の神拝作法がありますが、どれ一つとってもそこには深い意味があります。

たとえば、切り火ですが、火が古神道の祓いに重要なものであることは、『古事記』にも伺えます。

それを示す箇所を口語体で記しますと、

「伊邪那岐命《いざなぎのみこと》は、腰に帯びていた十拳《とつか》の剣を抜き放ち、心ならずも自分を生んでくれた母である伊邪那美命《いざなみのみこと》の生命を奪ってしまったわが子、火之迦具土神《ほのかぐづちのかみ》の頸《くび》を斬り落としてしまいました。そして命の御刀《みかたな》についた迦具土神の血は飛び散って多くの岩石の群れに付着し、また多くの神を生みました」

となり、一見すると親子殺戮《さつりく》の残虐な描写に見えます。

しかし、心眼《しんがん》を開いてもう一度よく読むと、この場面は切り火による禊の方法を暗示していることが分かります。

また、伊邪那岐命《いざなぎのみこと》と伊邪那美命《いざなみのみこと》が高天原と黄泉《よみ》の国、すなわち天と地に分かれてしまうこの神話は、明らかに宇宙創造を示しており、南部理論にいう「対称性の自発的な破れ」そのものにちがいありません。

その意味で、伊邪那美命《いざなみのみこと》を伊邪那岐命《いざなぎのみこと》から引き離すきっかけを作った火之迦具土神《ほのかぐづちのかみ》は、裏を返せば、われわれ地球生命にとっての恩人（神）だといえるでしょう。

十種神宝《とくさのかんだからの》御法《ごほう》の六種鎮魂の拍手では、荒魂《あらみたま》、和魂《にぎみたま》、幸魂《さきみたま》、奇魂《くしみたま》、精魂《くわしみたま》の五魂を鎮魂します。

普通、神道においては人の霊魂は一霊四魂と説かれますが、伯家神道でいう鎮魂とは精魂《くわしみたま》を含めた五霊五魂の調整を指します。

さて、世界的に統合失調症が増え続けています。統合失調症はかつて精神分裂病と呼ばれていた精神病の一種ですが、これを最初にSchizophrenie（シゾフレニー＝精神分裂病）と命名したスイスの精神医学者オイゲン・ブロイラーらは、この病は、精神すなわち五魂が分裂している障害であることを知っていたのかもしれません。

統合失調症にもいろいろな病型《びょうけい》がありますから一概に決めつけられませんが、五つの魂が分裂している統合失調症においては、五つの魂を統合する精魂《くわしみたま》の働きに問題があるのではないでしょうか。

かつて「憑依精神病」として記載されていたある種の精神病も、今日では統合失調症の範疇《はんちゅう》に入れられています。しかし、これは明らかに五魂の働きに問題があるために、さまざまな霊に憑依されてしまうのだと思われます。

そしていうまでもなく、「おみち」でいう鎮魂は五魂の調整です。さらにいえば、クイント・エッセンスによって言霊を駆使すれば、このような五魂の分裂を調整することは容易です。

これらの事実は、今後の精神医学にも一石を投ずることになるでしょう。


ご修行の段階が進んできて私が感じたことは、わが身の五感に感じる三千世界に深みが増して、それが美しく輝き出したということです。おそらく自分自身の意識の進化によるものでしょう。

かつて私に神道の素晴らしさを説き、七沢先生と私が直接出会うきっかけを作ってくれたインドの聖者カルキ・バガヴァンは、ワンネス・ブレッシング（ディクシャ）という手法を用いて対象者にプラーナという宇宙のエネルギーそのものを伝達していますが、私の体験から大胆な考察を許していただけるならば、エネルギーの強弱や相性の相違はあるものの、これもまたレイキや気功と同じように宇宙に遍満《へんまん》する八百万の神すなわち〝サンカルパ〟という強い意図を込めた言霊の伝授であろうかと思います。

インドで初めてこのディクシャを体験したときには、まるで水晶の中を歩いているようでしたが、「おみち」を行じる今日では、さらに外界との分離感がなくなり、まさに宇宙と一体のワンネスを実感しております。

はじめに神道の研究を勧めてくれたもう一人の瞑想の師、インドのマハリシ・マヘシ・ヨーギは、「瞑想をする際には、集まってくる小鳥の数を数えなさい」と私におっしゃいました。

また、あの天安門《てんあんもん》事件の最中縁あって中国で出会い、私の帰国後すぐ官憲《かんけん》に追われるように来日して、しばらくわが家に身を寄せていた道家全真教《どうけぜんしんきょう》龍門派《りょうもんは》第十九代伝人《でんじん》の屠文《とぶん》毅老師《きろうし》より伝授された龍門気功を実修していた折には、私の身体を木か草と間違えたのでしょうか？　アゲハチョウが指先に止まったこともあります。

最近では歩いていても小鳥が逃げなくなりましたし、つい先日もわが家の近くで美しい雄のキジが逃げずに寄ってきました。ご修行が進んで意識が進化すると、身体が自然に同化してしまい、樹木や草と同じようになってしまうのかもしれません。

人間の心身には過去世から現世に至るまで、さまざまな罪・科《とが》・穢れが蓄積されています。仏教用語でいえば煩悩《ぼんのう》ということでしょうか。

この罪・科《とが》・穢れ、そして煩悩はわれわれを苦しめますが、伊邪那岐命《いざなぎのみこと》のように禊祓いをすれば、それが消滅してゼロの意識状態となり、葛藤や不安、苦しみがなくなります。

「おみち」の一連のお祓いが厳《おごそ》かに進行していくと、意識は大変精妙になり、人によっては美しい気を観じます。私は畳のへりが黄金《こがね》色に輝き、ときに濃さが異なることがあったり、若干他の色が混入することはありますが、おおむね八畳間全体がそれはそれは美しいラベンダー色に染まってきます。

私は気功や瞑想の経験からか、チャクラやオーラの光が見えるようになりました。チャクラとは背骨に沿って存在する七つの大きな経穴（ツボ）のことであり、サンスクリット語で「車輪」を意味するエネルギーの出入り口です。

チャクラには色と形があってオーラとも相関しています。

下からムーラダーラ（会陰《えいん》）、スワディスターナ（膀胱《ぼうこう》周辺）、マニプーラ（へそ）、アナハタ（乳首と乳首の真ん中）、ヴィシュッディー（喉《のど》）、アジナー（眉間《みけん》）、サハスラーラ（頭頂《とうちょう》）の各位置にあって、色はそれぞれ赤、橙、黄、緑、青、藍、紫と虹の色、すなわち太陽のスペクトルとなっています。

このことから考えると、われわれ人間は、太陽からそれぞれのチャクラの働きに応じた七つのエネルギーを吸収していることになります。

天皇のご修行の一つに、鏡に映る自分のお姿に拍手を打つ「御《み》鏡《かがみ》御拝《ぎょはい》」という業《わざ》があることを七沢先生からお聞きした際に、ふとこれらのことが脳裏をかすめ、好奇心旺盛な私はさっそく鏡の前で五種の拍手を打ち、天津神、国津神、八百万の神々を順次想念いたしました。すると、それに応じた神々が次々と自分の身体を伝って降臨する体験があったのです。

かつての日本人は天照大御神を太陽神として崇めました。それはつまり、チャクラに分配された天照大御神の分け御霊《みたま》である神々、すなわち言霊を、それぞれのチャクラを通して吸収しているということなのでしょう。

このような体験から、私の心と身体の中でインドのヨーガや瞑想、中国の気功、日本の神道が融合して、やはりすべての道は天に通ずる「おみち」なのだと得心《とくしん》いたしました。

人は心と身体、あるいは霊魂と身体から成ることは今や自明の理です。

ここで、道家の説くように身体は陰、霊魂は陽と考えてみるとき、人間は陰と陽から成る太極《たいきょく》となります。

伯家神道では、ご修行の際にシャーマンのような脱魂《だっこん》をすることは固く禁じられていますが、それは、脱魂とはとりもなおさず陰と陽が分離することであり、陰陽合一して無極へ至る——古神道でいえば高天原に昇り天之御中主神《あめのみなかぬしのかみ》との合一に至る——はずの対称性が破れてしまうことになってしまうからです。

つまり、伯家神道では、あくまでも陰陽の備わった神人合一を目指すのです。

意識のホメオスターシス（恒常性）でもあるその意識状態は、「永遠の中今《なかいま》」ともいえます。意識の中に過去や未来があるのは人間だけです。

過去は単なる記憶であり、未来は不安や希望に満ちた空想に過ぎません。これも、マインドの一部であるエゴが芽生えたことから生じた誤解です。

伯家神道の「おみち」の場合、審神者《さにわ》の前で目を閉じて外結印を結んだそのときから、すでに至福の状態は始まり、徐々に高天原に入って最高潮を迎えます。そしてときには、日常生活に戻っても、その静かな至福意識状態は持続いたします。

ご修行させていただいてつくづく思うことは、かつてＴＭ（超越瞑想）の研究に出向いたはずの私にあえて神道の研究を勧めたインドのマハリシは、〝言霊の幸ふ国〟日本に生まれた私が高天原という涅槃《ねはん》の境地に至る道は、決して他の道ではなく、伯家神道の「おみち」そのものであることをすでに予見していたのではないかということです。

今さら申すまでもなく、自分はまだまだ「おみち」の途中だと思っておりますが、私があるときまで七沢先生と「おみち」に出会えなかったのには、それなりに深いわけがあったのでしょう。道を探し求めていたかつての私には、きっとその準備さえもできていなかったのかもしれません。

天皇が白川家の祝部殿《はふりどの》で伝授されていたという「祝《はふり》の神事」がいかようなものであったか、今となっては知る由《よし》もありません。

しかし、語り継がれた事実から推し量ると、審神者《さにわ》、神代《かみしろ》、はふりめ、と呼ばれる者たちがお取り立て（お世話）をして、真ん中に座られた天皇に対し八方から祝詞を奏上したと考えられます。

七沢邸の御神殿でも、審神者の七沢先生と対峙したとき、かつて神代にあったと思われるような「おみち」のご修行が執り行われます。

お祓いのときと同じように切り火をして身を清め、入室した後、高等神事の拍手を打って、目を閉じ外結印を結んで、審神者によるお祓いの言霊を受けます。

しばらくすると神代には、「おはたらき」と称する無為運動が発生し、旋回《せんかい》が生じます。このような旋回をみる神事は世界のさまざまな民族で見られ、たとえば両手を大きく広げて旋回するスーフィーダンス、龍門気功の外丹霊動功《がいたんれいどうこう》などがあります。

このような旋回運動は宇宙のリズムにもかかわるものであり、人体の動きを増幅した結果だといえるでしょう。

この旋回運動に関して、私は一つの仮説を持っています。

インドでは、宇宙に遍満する根源的エネルギーを「プラーナ」といいますが、宇宙のあらゆる存在はこの「プラーナ」から成っており、特に人の体内で覚醒したプラーナを「クンダリニー」と呼びます。

この「クンダリニー」は、らせんやコイルを意味するサンスクリット語の「クンダラ」が語源であり、普段は会陰部《えいんぶ》のチャクラの底に、まるで蛇がとぐろを巻いたような形で眠っているといわれています。

インドでは、この「クンダリニー」が眉間《みけん》まで到達することが悟りの第一段階と考えられていますが、無理矢理に「クンダリニー」を上昇させることには大変な危険が伴うともいわれます。

伯家神道の「おみち」においては、審神者の祝詞、すなわち言霊が神代《かみしろ》の脳波に同調して「クンダリニー」を安全に刺激し、その結果、旋回運動が生じているというのが私の仮説です。

私が修行した龍門気功の外丹霊動功と、この「おみち」が異なるのは、旋回運動の後に神代がお榊《さかき》のような「ひもろぎ」、すなわち天の御柱《みはしら》となり、高天原から神々のご降臨《こうりん》をみることでしょう。

なお、私は気功の修行、すなわち練功《れんこう》の際には、さながら西遊記の孫悟空《そんごくう》のように多くの邪魔に見舞われました。死霊や鬼やジャッカルのように見える存在に襲われそうになったこともあります。

しかし、「おみち」にはそのような危険はまったくありません。

邪神、悪神が出現した場合には必ず審神者である七沢先生が祓ってくれますので、すべてをお任せして安心してご修行が続けられます。これがいわゆる惟神《かんながら》の「おみち」でありましょう。

神代(かみしろ)のおはたらきは、さらに進んでくると、いわば「人間お榊」とでも申しましょうか。まさに天の御柱となり、高天原より神々の降臨をみて、さらに神人合一のご修行が続きます。

かつて、皇太子が天皇になられるために、このようなご修行をなさったことを思うと感慨深いものがあります。私もあるとき、「おみち」のご修行中に、「天皇は天と地をつなぐ真の御柱であり、国を背負った親亀《おやがめ》である」との体感がありました。

本来、天皇は国である地を統《す》べるだけでなく、地震や雷などの天災はもちろんのこと、自ら天をも鎮め、「人家の竈《かまど》から炊煙《すいえん》が立ち上っていないことに気づき、租税を三年間免除し、皇居の屋根の茅《かや》を葺《ふ》き替えしなかった」という仁徳《にんとく》天皇の逸話《いつわ》が物語るように、臣《しん》民《みん》と国家の安寧《あんねい》を祈ったのです。

これこそまさに、祭政一致の真の「まつりごと」ではないでしょうか。

今日、私は「なぜご修行をするのか?」と問われれば、

「これは本来天皇の役目であったはずですが、七沢先生のおっしゃるように、かつてあった『カミ・キミ・オミ・タミ』の階層が崩れ、はからずも神と民が一体となれるように

なった今日、自らが小さな石となり、及ばずながら人々の苦しみや過去からのしがらみを取り除き、自分も含めたこの世のすべての人々を幸せにしたい……どのような小さな争いごともなく、富者《ふしゃ》も貧者《ひんじゃ》もない、明るく光り輝くゴールデン・エイジ、この世の天国、すなわち高天原の実現を目指したいから」

と答えるでしょう。

そのためには、まだまだ己の内側と外側を祓い清めて、わが国の国歌・君が代の歌詞にもあるように、細石《さざれいし》の巌《いわお》となるまで、この小さな石を磨き続けなければならないと考えております。

わが師である七沢賢治先生の思いは改めて伺うまでもなく、まったく同感であろうと思いますが、このことはいくら熱い思いがあったとしても、一個人の業で為しえることではありません。

「決して宗教団体はつくらぬこと」とは、七沢先生の恩師であった高濱浩先生の遺言ですが、かつて和学教授所という白川の門人養成施設があったように、より現代にふさわしい教育システムを構築し、人類の平安のため、心ある人々に対して、神と一体になり高天原の住人になる手法を伝えていくことは、人心の荒廃しきった今こそまさに急務であるといえるでしょう。

クイント・エッセンスの成果でもお分かりのように、言霊は世界の意識を変えることができます。

そのため、明治天皇以来、伯家神道のご修行をしない天皇が１００年続くと日本の国体が崩壊するといった喧伝《けんでん》や、マヤの暦が２０１２年12月21日で終わることなどに脚光を当て、多くの人々がまことしやかに人類滅亡をささやけば、いつしかそれが集合意識となって火種がくすぶり出してしまいます。

巷間《こうかん》囁《ささや》かれている次元上昇、すなわちアセンションは、実は肉体的なことではなく、意識レベルの進化です。

それは人類の集合意識が悟りの意識状態になることだと思われますが、そうなると、当然意識状態が集合意識の進化についていけない人々も出てくるはずです。そのようなことにならないためにも、新しい形の教育システムの実現が望まれます。

巻末付録

伯家神道の四つの祓詞

大祓（中臣祓）

I ▽高天原《タカマノハラ》に神留《カムヅマ》ります皇親《スメムツ》カムロギ・カムロミの命《ミコト》をもて

八百万《ヤホヨロズ》の神がみを神集めに集めたまひ、神議《ハカ》りに議《ハカ》りたまひて、

「わ《ア》が皇御孫《スメミマ》の命《ミコト》をもて、豊葦原《トヨアシハラ》の瑞穂《ミズホ》の国を、安国と平らけく知ろしめせ」

と、事依《ヨサ》しまつりき。

▽かく依《ヨサ》しまつりし国中《クニナカ》に荒ぶる神がみを、神問《ト》はしに問《ト》はしたまひ、神払《ハラ》ひ

に払《ハラ》ひたまひて、語問《コトト》ひし磐根《イワネ》・樹立《コタチ》・草《カヤ》の垣葉《カキハ》をも、語止《コトヤ》めしめて、

天《アマ》の岩座《クラ》押し放ち、天岩戸《アマノイワト》を押し開き、天《アメ》の八《ヤ》重雲《エグモ》をいづのちわきにちわ

きて、

天降《アマクダ》し依《ヨサ》しまつりき。【一礼】

▽かく依《ヨサ》しまつりし、四方《ヨモ》の国中に、大倭日高見《オオヤマトヒダカミ》の国を、安国《ヤスクニ》と定《シズ》めまつり

て、下津磐根《シタツイワネ》に宮柱《ミヤハシラ》太敷《フトシ》く立て、高天の原に千木《チギ》高知りて、

皇御孫《スメミマ》の命《ミコト》のみづの御舎《ミアラカ》に仕《ツカ》へまつりて、

天《アメ》の御陰《ミカゲ》・日の御陰と、隠《フカ》く坐《マ》して、

安国と平らけくしろしめす。

Ⅱ
▽国中に成り出づる天《アメ》の益人《マスヒト》らが、過《アヤマ》ち犯しけむ種々《クサグサ》の罪事咎祟《ツミコトトガタタ》り、
・天罪《アマツツミ》とは、畔放《アハナチ》・溝埋《ミゾウメ》・樋放《ヒハナチ》・頻蒔《シキマキ》・串刺《クシサシ》・生剥《イキハギ》・逆剥《サカハギ》・穢《ケガシ》・こ
こたくの罪を、天罪《アマツツミ》とのりわけ、
・国津罪とは、生《イキ》の膚断《ハダダチ》・死《ナオル》の膚断《ハダダチ》・白人《シラヒト》・こくみ・己《オノ》が母《ハハ》を犯《オカ》し・己が子を犯し・母と子とを犯し・子と母とを犯し・毛物《ケモノヲ》犯せる罪・昆《ハウ》虫《ムシ》の禍《ワザワイ》・高津神の禍《ワザワイ》・高津鳥の禍《ワザワイ》・畜物《ケモノ》倒し蟲物《マジモノ》せる罪を国津罪とのりわけいだして、ここたくの罪出《イデ》む。
▽かく出《イデ》ば、天津宮の事をもて、
天津金木《カナギ》を本末《モトスエ》打切《ウチキ》りて、千座《チクラ》の置座《オキクラ》に置足《オキタ》らは《ワ》し、天津菅曽《スガソ》を本末《モトスエ》苅断《カリタ》ち、八津針《ヤツハリ》に取刺《トリサシ》て、天津祝詞《ノリト》の太祝詞事《フトノリトゴト》をもて宣《ノ》る。
▽かく宣《ノ》らば、
天津神は天《アマ》の岩戸を押し開き、国津神は、高山短《ヒキ》山のいほりを撥別《カキワ》けてもるるとこなく聞こし召《メ》さむ。

Ⅲ

▽かく聞し食《メ》しては、種々《クサグサ》の罪はあらじと、
科戸《シナト》の風の天《アメ》の八重雲を吹きはらふごとく、
朝夕《アシタユウベ》の霧を朝夕の風の吹きはらうごとく、
大津辺《オオツノベ》にいる大船《オホフネ》の舳《トモベ》の綱《ツナ》を解《ト》き放《ハナ》ち、大海原《オオウナバラ》へ押し放つごとく、
彼方《オチカタ》や繁《シゲキ》が本《モト》を焼鎌《ヤキガマ》の砥鎌《トガマ》をもて、打ちはらふごとく、
残れる罪はあらじと、祓《ハラ》ひ清むる事を、

▽高山・短《ヒキ》山の末より、佐久刺谷《サクナダニ》に水落ち、滝津早川の瀬に流《ナガシ》ます瀬織津《セオリツ》姫と
いふ《ウ》神、大海原《オホウナハラ》に持ち出《ヒ》でたまいてむ。

▽かく持ち出でたまいなば、
荒塩《アラシオ》の塩《シホ》の八百道《ヤホジ》の八塩路《ヤシホジ》の塩の八百辺《ヤホヘ》にます
速秋津《ハヤアキツ》姫《ヒメ》といふ《チョウ》神《カミ》齦美呑《カミノミ》てむ。

▽かく齦美呑みては《カミノンデハ》、
吸吹戸《イブキド》にます神、息吹《イブ》き放ちたまひてむ。

▽かく息吹放ちたまひては、
根の国の底の国に鎮《シズ》まります神、さすらひ失ひたまひてむ。

▽かくさすらひ失ひたまひては、
遺《ノコ》れる罪はあらじものぞと、祓《ハラ》ひ申《モウ》し清《キヨ》め申《モウ》すことの由《ヨシ》を、天津神《アマツカミ》、国津《クニツ》
祇《カミ》、八百万神《ヤホヨロヅノカミ》がみに、
平らげく安らけく、みいさみたまひて、聞食《キコシメ》せと申す。

三種祓（さんしゅのはらひ）

とほかみえみため
とほかみえみため
とほかみえみため
祓《はら》ひ給《たま》ひ清《きよ》め給《たま》ふ

身禊祓（みそぎはらひ）

高天原《たかまのはら》に　神留《かむづまり》ます　皇御祖神《すめみおやのかみ》　伊佐那岐命《いざなぎのみこと》　諸神《もろかみ》
御禊《みそぎ》の大《おほ》み時《とき》に　なりませる神《かみ》　八十狂津日《やそまがつひ》の神《かみ》
大狂津日《おおまがつひ》の神《かみ》　神直日《かんなほひ》の神《かみ》　大直日《おほなほひ》の神《かみ》　底津海津見《そこつわだつみ》の神《かみ》

底筒男命《そこつつをのみこと》　中津海津見《なかつわだつみ》の神《かみ》　中筒男命《なかつつをのみこと》　上津玉積《うわつたまつみ》の神《かみ》
上筒男命《うわつつをのみこと》　および祓戸《はらひど》の　諸神々《もろかみがみ》　諸々《もろもろ》の　障穢《さはりけがれ》　を
祓《はら》ひ清《きよ》むることのよしを　平《たいら》けく　安《やす》らけく　御《み》いさみ
たまひて　聞《き》こしめせと　まをす

一二三祓（ひふみのはらひ）

ひふみよいむなやこともちろらねしきる
ゆゐつわぬそおたはくめか
うをゑにさりへてのますあせゑほれけ

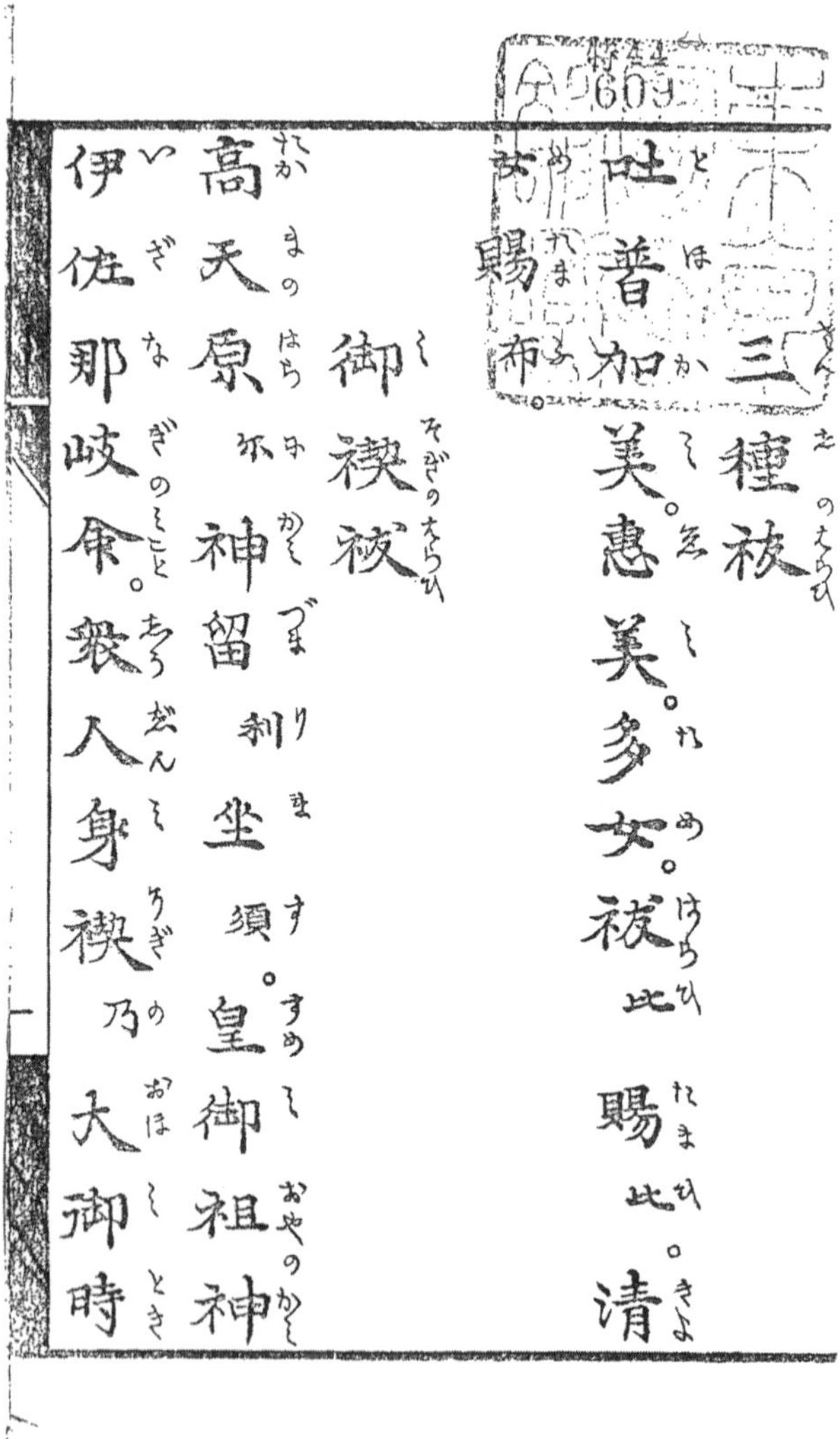
三《さん》種《しゆの》祓《はらひ》
吐《と》普《ほ》加《か》美《み》。恵《ゑ》美《み》。多《た》女《め》。祓比《はらひ》賜比《たまひ》。清《きよ》米《め》賜《たま》布《ふ》
御《み》禊祓《そぎのはらひ》
高天原尓《たかまのはらに》神留利坐《かみづまります》須。皇御祖神《すめみおやのかみ》
伊佐那岐命《いざなぎのみこと》。衆人《ちうだん》身《み》禊《そぎ》乃《の》大《おほ》御《み》時《とき》

『造化参神神傳教會祝詞』（高濱清七郎著）の冒頭部分。次ページは同書の奥付

明治十七年十一月七日　版権免許

撰述人　高濱清七郎
京橋区木挽町三丁目
二十番地寄留

出版人　佐藤彦次郎
深川区島嵜町
五番地住居

あとがき

袋小路に陥った西洋文明に突破口を指し示すと同時に、新しい時代における個人個人の生き方を導くものとして、本書では西洋文明と東洋文明とを融合・昇華させる新たなパラダイムを提示してきた。

それは、人と神が一体であったころの考え方を現代によみがえらせるものであり、科学文明が発達した現代に適用されることで、人類に新しい選択肢を示すものでもあるが、それを示しうる数少ない国である日本では、国民の多くが日本独自の文化から離れつつあるのが現状だ。

そこで本書では、古代の日本哲学を今に伝える言霊学と伯家神道を中心にして、哲学、宗教、古代祭祀、量子論、量子場脳理論などを網羅する研究を行ってきた七沢賢治氏を案内人として、その新たな理念と実践の具体的な方法を探ってきた。

一通り読んでくださった方であれば、この本が非常に広範な事象を扱っていることに驚かれたことだろう。

それは必然的に、人類にとって未踏の分野へ足を踏み入れることにもなり、そのため、人文科学のアプローチでも、自然科学のアプローチでもない独自のスタンスで論を進めることになった。

ここで再度、明示しておきたいのは、各科学分野、そして哲学や宗教が提示する世界像の類似性・相似性を検討するにあたり、科学的・論理的な手順・思考を前提にはしたものの、どうしてもアナロジー（類比）を多用する結果となってしまった点だ。

このようなスタンスはともすれば、あいまいな論理展開として、あるいは不正確な科学の装いとして感じられるかもしれない。

だが、これを契機として、人文科学と自然科学との間に、あるいは物理学者と哲学者との間に対話が生まれ、また、一般の読者においては、個人の生活とマクロな世界との関係を俯瞰する視点を得ることになれば幸いである。

それによって、新時代を迎えるためのパラダイム転換の基軸として、階層化と統合化への理解を深めていけたなら、七沢氏のいう「文明の大祓」を、より良い形で乗り越えていくことができると筆者は信じている。

2010年6月

大野　靖志

一般社団法人白川学館設立のご案内

本書の出版に先駆け、２０１０年６月２日に白川学館が一般社団法人として認可されました。参考までに概要を以下掲載します。

白川学館設立のご挨拶

いにしえより行われた宮中のまつりごとは、平安中期より幕末までのおよそ八〇〇年、白川伯王家によって執り行われました。その時代、天皇は、祝殿《はふりでん》という道場で、「おみち」と呼ばれる神拝作法の行を修めました。そして、幕末の動乱の最中、白川伯王家の最後の学頭である高濱清七郎は、孝明天皇の命を受けて下野し、この「おみち」を後世に守り伝えました。

いよいよ混迷していく世相の中、本来のまつりごとを取り戻して、調和のある社会を実現するために、神祇文化を再興し、世界の安寧と調和を願うすべての人に、「おみち」の修行の場として解放し、神拝作法を普及し、後世に伝えることを目的として、ここに、一般社団法人白川学館を設立いたします。

白川学館設立趣旨

一、白川家の由緒

白川学館の名は、江戸期に遡る。京都の公家・白川家に設けられた、神祇文化継承のための研修機関である。しかし、明治維新時の混乱のもと、解体を余儀無くされた。これは同時に、当家の文化自体の散逸と衰退を意味した。

因みに、家系としては、昭和期に、白川資長公の代で絶えている。

白川家は、神祇伯（神祇官の長）の世襲家系であった。平安期に、花山天皇の皇孫・延信王の神祇伯就任（一〇四六年）に始まるとされる。以来、幕末まで、悠々八百年以上にわたり、天皇、皇族、摂関家への神拝作法の伝授、その他、日本の中枢的な神祇文化を継承してきた家系である。

二、設立意志

我々は、明治維新後百数十年にわたる、日本の中枢文化体制の断絶を深く憂慮する。よって、ここに白川学館の今日的な意を体した再興を意志する。

三、事業目標の基軸

（一）白川家の旧神祇文化の顕彰。

（二）右旧文化の意を汲んだ、創造的新日本文化の追究と発信。

（三）二十一世紀的な、高等国策文化の追究。

四、三基軸の補説

（一）①維新後の伝統体制の断絶ゆえ、今日までの多くの事柄が手付かずである。基礎作業として、同家残存資料の確認、調査、収集、整理、および研究、発信（出版、他）などを要す。

なお、関連史蹟（墓地なども含む）の調査、整備、記録化なども要す。

②旧神祇文化の儀礼や作法などの実修講座なども設置したい。

（二）①白川家の神祇文化は、元来国政に関与していた。ゆえに、統合性、全体性、応用性に特色がある。このことから、伝統の意を汲んだ、今日的な新日本文化の創造も望み得よう。

特に、今日大いに求められている、日本人の倫理、精神、生活面での基軸の確立などに有力である。即ち、青少年教育や修養などに、大いに力を発揮し得る。

②ともあれ、白川家文化は、旧時代の支配層が担った伝統知である。これは否めぬ。しかし、我々は、改めてこれらを、今後の日本を導く「民の知」として、再編成してゆきたい。今日、時代の推進力は、民に託されているからである。

(三) ①神祇官文化は、旧律令・王朝国家体制下に、国策に関わっていた。この方面は、近代以降、大幅に失われた。しかし、旧国策知文化には、学び得る面も多い。

②今日、大陸・半島情勢に不安定要素は多い。こうした状況下、改めて旧時代の国策知に学んだ、創造的かつ発展的な国策知・文化が追究されても良いだろう。それは同時に、今後の日本における、世界文明の推進知の提唱とも関わるであろう。

右の趣旨のもと、我々は、この文化活動組織の設立を願う。

各界諸賢の御理解と御参画を願うものである。

以上

七沢 賢治（ななさわ けんじ）

1947年山梨県甲府市生まれ。早稲田大学卒業。大正大学大学院文学研究科博士課程修了。伝統医療研究、哲学研究、知識の模式化を土台とした情報処理システムの開発者、宗教学研究者。言語エネルギーのデジタル化による次世代システムの開発に携わる一方、平安中期より幕末まで白川伯王家によって執り行われた宮中祭祀や神祇文化継承のための研究機関である一般社団法人白川学館を再建。現在、同学館代表理事、neten株式会社代表取締役などを務めている。

[白川学館 お問い合わせ先]
七沢賢治が主宰する白川学館では神道の視点から見た言霊学を取り上げています。活動内容については、以下のサイトをご覧ください。
一般社団法人白川学館公式サイト
https://shirakawagakkan.jp/

カバー・口絵・各章扉写真

市毛 實（いちげ みのる）

1947年生まれ。フォトグラファー。ファッション、コマーシャル写真の撮影で写真家として活躍。
30代中頃より、「日本」を自身の撮影テーマとし、創作行為に入る。日本と、日本と交わり影響し合ってきたアジアの国々の風景、そして人々を撮り続ける。
表現は、銀塩写真、モノクローム言語のみ。このところ、11×14インチサイズのフィルムカメラが標準機となり、その二次空間に「自分と、畏敬なるものの時間」を焼き付けている。

写真展
2006年 「人 jinkan 間」
2008年 「般若心経」
2010年 「神南備」
など

著者プロフィール

大野 靖志（おおの やすし）

宮城県生まれ。ユダヤ教をはじめ世界各国の宗教と民間伝承を研究後、白川神道、言霊布斗麻邇の行を通じ、新たな世界観に目覚める。現在は日本と米国に意識変容のためのデジタル技術を普及すべく、東京と山梨を拠点に、様々なプロジェクトに力を入れている。著書に『とほかみえみため〜神につながる究極のことだま〜』（和器出版）、『あなたの人生に奇跡をもたらす和の成功法則』『お清めＣＤブック』『成功の秘密にアクセスできるギャラクシー・コード』（サンマーク出版）などがある。

言霊はこうして実現する

伯家神道の秘儀継承者・七沢賢治が明かす神話と最先端科学の世界

2010年７月20日　初版第１刷発行
2021年４月15日　初版第７刷発行

著　者　大野 靖志
発行者　瓜谷 綱延
発行所　株式会社文芸社
〒160-0022　東京都新宿区新宿１－10－１
電話　03-5369-3060（代表）
03-5369-2299（販売）

印刷所　株式会社フクイン

ISBN978-4-286-07045-2